ELIGE TRES

RANDI ZUCKERBERG

ELIGE TRES

Puedes tenerlo todo
(pero no todos los días)

OCEANO

ELIGE TRES
Puedes tenerlo todo (pero no todos los días)

Título original: PICK THREE. You Can Have It All (Just Not Every Day)

© 2018, Randi Zuckerberg

Traducción: Enrique Mercado
Diseño de portada: Mumtaz Mustafa
Imagen de portada: Ben Denzer
Fotografía de la autora: Ben Arons Photography

D.R. © 2018, Editorial Océano de México, S.A. de C.V.
Homero 1500 - 402, Col. Polanco
Miguel Hidalgo, 11560, Ciudad de México
info@oceano.com.mx

Primera edición: 2018

ISBN: 978-607-527-742-4

Impreso en México / Printed in Mexico

Brent. Asher. Simi.
Mis Elige tres
hasta el fin de los tiempos

Índice

Prefacio

Me honra presenciar tu transformación en una versión más feliz, concentrada e impactante de la maravillosa persona que ya eres. Elige tres ha cambiado por completo mi vida y me emociona mucho compartir mis métodos contigo. Al darme permiso de concentrarme en hacer bien cada día unas cuantas cosas en lugar de tratar de ser perfecta en todo (y de fracasar miserablemente en ello), he podido redefinir el éxito y la felicidad. También me he liberado de una enorme culpa que cargué muchos años. Ahora despierto cada mañana, me miro en el espejo y digo el siguiente mantra: "Trabajo. Sueño. Familia, Fitness. Amigos. Elige tres". ¡Y créeme que funciona! Pero te enterarás de más cosas acerca de cómo va esto si sigues leyendo...

Me encantaría estar al tanto de tu Elige tres. Publica en las redes sociales con #pickthree o escríbeme a @randizucker berg y cuéntame lo que has aprendido acerca de ti mismo, hacia dónde se sesga tu Elige tres (yo lo hago ahora hacia el trabajo, el fitness y la familia) y en qué te gustaría mejorar. Acciones como éstas nos ayudan a hacernos responsables de nuestra búsqueda de un equilibrio imperfecto. Un momento, ¿qué? Sigue leyendo...

Introducción

Preferiría morir de pasión que de aburrimiento.
VINCENT VAN GOGH

Este año juré dejar de sentirme culpable por todo. Culpable por no ser perfecta todo el tiempo, culpable por no tener el guardarropa más espectacular ni el cuerpo más impecable, por comer demasiado gluten o tomar mucho café, por hacer inversiones o correr riesgos que no dan resultado, por no contestar todos los correos electrónicos que recibo, por no ser la madre, esposa ni amiga perfecta (el solo hecho de escribir sobre toda esa culpa innecesaria me ha dejado exhausta).

Cuando analicé y medité por qué perdía tanto de mi breve y precioso tiempo en la Tierra disculpándome de todo tipo de cosas, comprendí que esto procede de una intensa presión por *tenerlo todo, hacerlo todo* y por *estar en todo* al mismo tiempo. No puedes ser todo para todos; así seas estudiante, padre o madre, jefe, empleado, cónyuge, atleta, artista, amigo necesitado de ayuda, emprendedor o lo que sea. Nos dicen que debemos ser grandes en todo para alcanzar un elevado y poco realista nivel de equilibrio en todas las áreas de nuestra vida.

Estoy aquí para reventar esa burbuja utópica. Pienso que la idea del equilibrio es un *desastre*. Considero que perseguir el equilibrio nos dispone absurdamente a una de tres cosas: el

fracaso, expectativas irracionales o, peor todavía, ¡la MEDIO-
CRIDAD! *Es escalofriante.*

Las personas que quieres, las pasiones que tienes y las cosas que deseas alcanzar no deberían estar limitadas por lo bien
que puedes equilibrarlo todo; porque debes aceptar que es imposible que logres algo de importancia si procuras TENERLO
TODO en un periodo de veinticuatro horas. ¡Que no nos ven-
gan a hablar de estrés!

Y ya que mencionamos el tema de tenerlo todo, déja-
me decirte que aunque suscribo la filosofía de "más es más",
"todo" no es necesariamente mejor. ¿Alguna vez has ido a uno
de esos bufets de Las Vegas en los que puedes comer lo que
quieras en veinticuatro horas? Diez porciones después, a las
tres de la mañana, ¿ todavía pensarías que "tenerlo todo" fue
una buena decisión?

Sea lo que fuere en lo que desees destacar —tu carrera,
familia, nivel de fitness, una pasión personal, un proyecto específico, tu vida social ¡cualquier cosa!—, tienes que priorizar-
lo y ponerlo al principio de tu lista de pendientes una y otra y
otra vez.

¿Equilibrio? ¡Ja! Yo tengo otra teoría del éxito.

VIVIR SESGADAMENTE

La idea de estar sesgado, y de estarlo bien, se me ocurrió por
primera vez cuando presenté mi solicitud para ingresar a la
universidad. Fui una ambiciosa y motivada alumna de la muy
competitiva Horace Mann High School de Riverdale en Nueva York. Como cualquier otra preparatoriana de esa ciudad,
pensaba que el pináculo de la vida era entrar a la Harvard.
¿¡Alguien puede decir PRESIÓN!?

El problema fue que yo no era la típica persona de Harvard. Había tenido que cursar un año más para acreditar dos materias. No había alcanzado una puntuación perfecta en el examen de admisión. No era presidenta de la sociedad de alumnos. No había iniciado una organización no lucrativa ni trabajado como aprendiz en una compañía de prestigio. No tenía relaciones ni un legado. En cambio, me encantaba el teatro. ¡Cuidado, grandes universidades, ahí voy!

De niña y adolescente había pasado cada momento cantando o participando en algo teatral en cualquier forma posible. Dediqué varios veranos a hacer giras con una compañía semiprofesional de ópera. Actuaba en muchos espectáculos cada año. Creé mi estudio independiente y asistía a ensayos de óperas en el Lincoln Center, acerca de las cuales escribía trabajos escolares. En lugar de cálculo, tomé teoría de la música. Abandoné las ciencias en mi último año de preparatoria para poder concentrarme en la música. Mi sueño era actuar en Broadway o, si eso no era posible, formar parte del grupo que *administraba* Broadway.

Aunque mi familia apoyó mis planes de vida, no creo que nadie haya pensado que entraría a Harvard. Mi mamá me contó que tuvo que bajar la cabeza de vergüenza cuando el señor Singer, mi orientador vocacional en la preparatoria, le preguntó a qué universidad quería asistir y ella tuvo que revelarle la que consideraba la opción más improbable de todas: Harvard. Como si *en realidad* fuera posible que me aceptaran. Pero, para alentar mis sueños, mi mamá hizo conmigo un recorrido por el campus, y yo me enamoré de Harvard, por supuesto. De sus magníficos edificios coloniales, historias y tradiciones.

Nos entrevistamos con una empleada de admisión que dijo algo que no he podido olvidar después de tantos años (bueno, ¡no tantos!). Sus palabras se convirtieron en el fundamento de este libro: "Randi", dijo, "Harvard busca a dos tipos de personas: las bien equilibradas y las bien sesgadas. Los estudiantes bien equilibrados son la columna vertebral de la clase, pero los bien sesgados son los que la vuelven interesante".

¡Dios mío, ésa soy yo!, recuerdo haber pensado. *¡Soy de las sesgadas!* Corte a: nueve meses después, ahí me tienes, recibiendo un grueso sobre con el emblema de Harvard ¡y una carta de aceptación a la generación 2003! ¡Mi primer encuentro con el "mundo del buen sesgo" fue un triunfo! En ese momento decidí que "vivir sesgadamente" no sólo sería mi lema, sino que además transmitiría la sabiduría y conocimiento que esa estrategia me había proporcionado.

Desde el momento en que me senté en esa oficina de admisión como la ansiosa e ilusionada preparatoriana que era, decidí seguir mis pasiones, ser una de las *interesantes* y hacer las cosas de la mejor manera posible: viviendo el sueño de lo "sesgado".

Cuando pasé del ámbito de la educación superior al mundo real, supe que necesitaba algo más que una app que me ayudara a aterrizar mis múltiples tareas. Tenía incontables intereses externos, ocupaba un puesto de trabajo muy demandante y mi esposo y yo nos disponíamos a formar una familia. El estrés me abrumaba. Justo cuando pensé que tendría que someterme a mucha presión y renunciar a algunas de mis cosas favoritas, como mantener una buena salud o ver obras de teatro todo el tiempo, recordé aquella descripción de estar "bien sesgado" y una idea fraguó.

¡No tengo que renunciar a nada!, pensé. Quizás, en lugar de perseguir el equilibrio, ¡debería poner todo esto de cabeza y concentrarme en el desequilibrio! En vez de tratar de abarcar todo, todos los días, ¿qué tal si considero las principales categorías de mi vida (trabajo, sueño, familia, fitness y amigos) y sólo Elijo tres

en las cuales concentrarme cada día? De esta forma, podré hacer BIEN *esas tres cosas y escoger tres distintas mañana. Con el paso del tiempo, me sentiré descansada, sana, exitosa y cultivada, ¡todo eso, y además con hijos!* Así, *Elige tres* nació en una reunión de admisión a Harvard, donde ni siquiera era de esperarse que yo ingresara.

Estoy segura de que no soy la única persona que ha tenido un momento estresante como ése, realmente abrumador. Todos llevamos el peso del mundo sobre nuestros hombros. De hecho, si yo echara una buena mirada a las cosas que llevas a cabo cada semana, ¡quizá te pediría que me autografiaras este libro! Cuando pienses en todas las cosas que intentamos equilibrar, es probable que te sientas sumamente agobiado.

He aquí una lista preliminar de las cosas que yo tendría que hacer todos los días para **cumplir con todo**:

- Educar a dos chicos para que sean personas buenas y trabajadoras que traten con respeto a las mujeres.
- Pasar tiempo significativo con mi esposo.
- Dirigir mi empresa y mantener felices a todos mis colaboradores (¡esto no es fácil en Nueva York!).
- Escribir un libro (es decir, este).
- Preparar y conducir mi programa de radio semanal en SiriusXM.
- Alimentarme sanamente (salvo en la temporada de *latte* con especias y calabaza, aunque los líquidos no cuentan como alimento, ¿verdad?).
- Planear mis viajes para los más de cuarenta discursos y conferencias que doy cada año.
- Coordinar quién cuidará de mis hijos en mi ausencia.

- Sentirme culpable por viajar y no estar con mis hijos.
- Hacer labores de mantenimiento de nuestra casa (salvo por el hecho de que casi vivo en el aeropuerto…).
- Mantenerme en contacto con mi familia ("¡Perdón por no haberte llamado, mamá! ¿Podrías recordarme en qué huso horario vives?").
- Cumplir mis obligaciones como integrante de varios consejos de administración y consultivos.
- Ver más de sesenta espectáculos en y fuera de Broadway al año, para votar en los Tony Awards y Chita Rivera Awards.
- Publicar en mis cuentas de redes sociales.
- Revisar las cuentas de redes sociales de otras personas (y decidir, por tanto, que su vida es mucho mejor que la mía).
- Contestar una avalancha de correos electrónicos y mensajes (¡¿por qué ese numerito en mi bandeja de entrada nunca se reduce?!).
- Decirme: "Randi, deberías responder ese correo", cuando sé que tan pronto como lleguen algunos más, aquél se esfumará de mi mente para siempre.

¡Ah! Y no puedo olvidar las metas que aspiro lograr:

- Ver a mis amigos. Alguna vez.
- Mantenerme en forma. (¡Ja!).
- Dormir. (¡JA!)
- Bañarme (No me juzgues.)

¡Bueno, esto fue agotador! Quizá debería arrastrarme de regreso a la cama y considerar que ya fue suficiente por el día de hoy.

¿Y si reformulara esa abrumadora lista de pendientes para hoy como pendientes para *este año*, o para tres o diez? De esta forma, podría elegir algunas cosas que hacer cada día y hacer esas pocas cosas muy bien, totalmente concentrada en las tareas que elegí, no en TODAS AL MISMO TIEMPO.

Aun con tantas cosas bajo mi responsabilidad, me considero una persona muy afortunada. Mi esposo es una pareja maravillosa y llena de afecto; Brent se encarga de una gran cantidad de labores domésticas y propias de los padres. Tengo un increíble equipo en Zuckerberg Media, el cual confirma que todo marche a la perfección. Y trabajo con socios extraordinarios en Jim Henson Productions, Universal Kids, CAA, Harper-Collins y SiriusXM. Tengo los recursos económicos necesarios para contratar a niñeras confiables. Y mis familiares y amigos son muy comprensivos y cariñosos. Además, como dijo una amiga recientemente: "Eres tan feliz como el menos feliz de tus hijos" y mis dos chicos están sanos y dichosos, gracias a Dios.

Lo cierto es que casi todo el tiempo pensamos en lo felices o infelices que somos. ¿Somos más felices si jugamos con los niños en casa, vamos al gimnasio una hora o si nos quedamos a terminar el último párrafo de ese informe? La felicidad es algo que buscamos naturalmente en la vida. Pero con el estrés de perseguir el *equilibrio*, no es de sorprender que seamos tan desdichados.

El 2007 World Happiness Report colocó a Estados Unidos en el tercer lugar entre los treinta y cinco países de la Organización para Cooperación y el Desarrollo Económico. Pero antes de que celebres eso, menos de diez años después, en 2016, ese mismo país cayó al lugar número diecinueve, entre esas mismas treinta y cinco naciones. Las razones de esta caída incluyen el declinante apoyo social y el aumento de la corrupción gubernamental (sin comentarios).[1]

Para aumentar tu infelicidad, todo lo que tienes que hacer es pasar *un segundo* en tu plataforma favorita de redes sociales, y de repente te verás bombardeado por imágenes de la perfecta vida de todos los demás, sus encantadoras vacaciones y sus intelectuales grupos de lectura; los cuales te harán sentir que a todos les va MUCHO mejor que a ti. Pensarás, entonces, que quizá no seas el #ninja que creíste ser hace cinco minutos. Por supuesto que en el fondo sabemos que todos montan un espectáculo en línea, donde sólo dan a conocer las mejores y más radiantes partes de su vida; pero de todas formas no podemos dejar de sentirnos algo incómodos. ¿Esto te suena familiar?

En 2016, el Pitt's Center for Research in Media encuestó a 1,787 jóvenes adultos de Estados Unidos sobre el uso de once populares plataformas de redes sociales (Instagram, Facebook, etcétera). Quienes dijeron usar más plataformas (de siete a once) tenían un riesgo de depresión y ansiedad más de *tres veces* mayor que quienes usaban la menor cantidad de ellas (de cero a dos). Mantener una presencia regular en muchos sitios (multitareas de redes sociales) produce un bajo nivel de atención, cognición y estado de ánimo.[2]

Junto con eso, un estudio de la Royal Society for Public Health reportó que las redes sociales ocasionan ansiedad, temor a perderse de algo importante, sensación de acoso, alto nivel de depresión y bajo nivel de sueño de calidad entre los adolescentes.[3] Y, por si fuera poco, una encuesta de You.gov realizada en 2017, reveló que veintiséis por ciento de los estadunidenses dicen recibir un comentario negativo en las redes sociales que les arruina el día.[4] Peor aún, ¡podría ser que quien les envía ese mal comentario no sea ni siquiera un ser humano, sino un robot remitidor de mensajes! El temor de perderte algo, la depresión, las comparaciones en las redes sociales: sé que lo entiendes y estamos de acuerdo. Pero no viniste por contenido trágico. Mientras escribo este libro, me encuentro en un sitio en el que en realidad me siento muy feliz, ¡diga lo que diga el índice de felicidad de Estados Unidos! En muchos sentidos, lo tengo todo; y qué mal que les pese a todos los #Benditos hashtags combinados.

Pero las cosas no siempre fueron así para mí, ni siempre lo son. Por lo general salen distinto a como fueron planeadas. Grandes y pequeñas emergencias aparecen en los momentos más inesperados e inconvenientes. A la manera de una auténtica mamá judía neurótica, siempre me preocupa que entre mejores sean las cosas, "más pronto se me rompa el otro tacón; o que el vaso medio lleno vaya a derramarse de un momento a otro".

Todos enfrentamos diferentes situaciones y desafíos. Algunos educamos a nuestros hijos siendo padres solteros o tenemos que ocupar varios y agotadores empleos para poder alcanzar la independencia financiera. Muchos maniobran entre las difíciles circunstancias en las que la vida los ha puesto. En otras palabras, muchos de ustedes son #superhéroes. No en las páginas de los DC Comics sino en la realidad, hacen girar el mundo a toda costa para sus seres queridos.

Sea cual fuere la situación en que nos encontremos, hay un denominador común: sentimos una presión increíble para hallar el equilibrio entre lo que necesitamos, tenemos y queremos así como para hacerlo a la perfección... *o de lo contrario...*

¿Y si no tuviéramos todo el tiempo esa presión sobre los hombros? ¿Si nos sintiéramos satisfechos con seleccionar unas *cuantas* cosas en las que concentrarnos cada día? ¿Si nos permitiéramos estar bien sesgados en lugar de bien equilibrados? ¿Y si yo te enseñara una forma para concentrarte en unas cuantas cosas que pudiera hacerte *más feliz* a largo plazo (siempre que elijas en algún momento todo lo que está en tu lista de pendientes)? ¿Te animarías? Bueno, prepárate, ¡porque te enseñaré a hacer justo eso!

TRABAJO. SUEÑO. FAMILIA. FITNESS. AMIGOS
ELIGE TRES

Cuando la gente se entera de que cada año me ausento cien días de casa por motivos de trabajo, su reacción más común es de horror. "¿No extrañas a tus hijos?" ¡Desde luego que los extraño, no soy un monstruo. Pero me gusta lo que hago. No hay nada que disfrute más que reunirme con otros emprendedores, estudiantes y soñadores que crean e innovan ideas procedentes del mundo entero. La sensación que obtengo cuando viajo para trabajar, compartir historias, hacer amigos e inspirar a otros es mi Lugar Feliz. Si, en cambio, me concentrara en estar equilibrada todo el tiempo, no viajaría tanto como lo hago.

Sostener a mi familia es muy importante para mí y contribuye a mi sensación de propósito y significado. Claro que es probable que yo fuera una mamá tres por ciento mejor si viajara menos, pero también sería mucho menos feliz. Mi trabajo me apasiona y enorgullece. Si lo dejara de lado, relegaría lo que está en la base misma de mi identidad e individualidad. Para satisfacer el desequilibrio de lo que nos hace más felices, debemos hacer sacrificios en diferentes áreas de nuestra vida.

Mis hijos saben que los adoro. He forjado una vida que me permite trabajar en lo que me gusta y llegar después a casa y conceder una absoluta atención de calidad a las personas que quiero. Conozco a un grupo de fabulosas mamás de la escuela de mis hijos que cuidan de ellos y me envían mensajes y fotos para tenerme al tanto de lo que ocurre en mi ausencia. ¿Me reprocho salir tanto? En absoluto. Estoy en la ronda 4,245,003 de mi batalla personal por esa causa, pero siento como si la culpa me tuviera contra las cuerdas, ya que me he comprometido a dejar de sentirme mal por no tener el equilibrio ideal de trabajo-vida, *¡porque eso es imposible!* Ahora sé que es sólo cuando me permito sesgarme unos días hacia el trabajo y otros hacia mi familia que hago el mejor trabajo en ambas áreas.

Cuando analizo los últimos veinte años de mi vida, todos mis más grandes, enorgullecedores y gratificantes momentos —aquellos que ojalá viva para contarlos a mis bisnietos—, descubro que todos ellos tuvieron lugar cuando me permití sesgarme. Si hubiera optado por el equilibrio, no estaría donde estoy FELIZ de estar hoy. ¡Gracias al cielo que es posible vivir en ángulo torcido!

Para mí, la mitad de la diversión de estar sesgada es poder lanzarme de cabeza a cosas que me emocionan. Sea el trabajo, el sueño, la familia, el fitness o los amigos, jamás sé qué pasará exactamente; pero cuando me armo con partes iguales de pasión e información, sé que me alegrará haberlo intentado. Vivir ruidosa y sesgadamente a tu modo, sin culpa, sin que te importe lo que los demás piensen o digan, sin que te paralices por el temor a fracasar es donde la diversión de veras comienza.

Existen muchas formas de ser una persona sesgada. Algunas de ellas son decisiones conscientes; otras nos son impuestas por situaciones que escapan a nuestro control; otras más implican considerar los intereses de nuestros seres queridos y otras son decisiones acerca de qué NO convertir en una prioridad, en lugar de ser sobre en qué concentrarse. Todas estas decisiones son igual de válidas, maravillosas y apreciables. No hay una manera correcta o incorrecta de desequilibrarse, siempre que no lo estés tanto que afecte tu salud y felicidad o lastime a tus seres queridos, aunque a veces esto es precisamente lo que ocurre (como se detallará más adelante).

En este libro compartiré las entrevistas que les hice a algunas de las personas más sesgadas que conozco. Como Arianna Huffington, quien después de recibir una llamada de alerta sobre el cuidado de sí misma, puso toda su atención en la importancia del sueño para los profesionales. O como el doctor Adam Griesemer, quien suele cumplir turnos de más de cuarenta horas como cirujano pediátrico de trasplante de órganos. Hablé, asimismo, con Melinda Arons, quien abandonó un lucrativo puesto en Facebook para participar de lleno en la campaña presidencial de Hillary Clinton. Chateé con Rebecca Soffer, quien perdió a sus padres en un corto periodo y canalizó su dolor al ayudar a otros que sufren a causa de la muerte de un ser querido. Hablé con Brad Takei, quien decidió dedicar su vida a ayudar a que su esposo, George Takei, tenga éxito en todo lo que hace. Y me senté con Reshma Saujani, quien se percató de que perder dos elecciones fue un hecho clave para comprender el propósito de su vida.

Compartiré historias de otros que se sesgaron de diferentes maneras, algunos por elección, otros por situación. Te armaré de todos mis consejos, trucos y artimañas para que seas lo más desequilibrado posible. Al final de este libro hallarás un cuaderno de trabajo para seguir tu progreso en Elige tres y para que te hagas responsable de tu avance.

Tu incursión en el arte de cómo priorizar, concentrarte y, sí, rendirte mejor comenzó en el momento mismo en que abriste este libro. Aplaudo tu decisión de buscar otro camino a la felicidad. ¿Lo ves? ¡Ya eres muy bueno en esto de estar sesgado!

Elige tres es mi lema, mi credo y el motor de mi vida personal y me honra compartirlo contigo.

¡Al diablo el equilibrio! ¡Seamos interesantes! ¡Seamos diferentes!

1

¿QUÉ ES
ELIGE TRES?

¡SESGUÉMONOS!

El equilibrio trabajo-vida no existe. Todo aquello por lo que vale la pena luchar desequilibra tu vida.

ALAIN DE BOTTON

La primera vez que dije en voz alta "*Elige tres*" fue en un momento de frustración. Era la centésima ocasión en que moderaba un panel en una conferencia. "Randi, eres mamá y tienes una carrera. ¿Cómo equilibras todo?" Desde luego que nadie les preguntó nada semejante a los hombres que formaban parte de ese panel, como si un antiguo secreto de que el mismo conjunto de habilidades que convierten a alguien en una buena madre (organización, priorización, planeación a largo plazo, paciencia, creatividad) son los que la convierten también en una buena empleada o emprendedora (¡vaya!).

Casi siempre que me preguntan eso (es decir, todas las veces que estoy en un panel), aprieto los dientes, fuerzo una sonrisa y digo algo triste acerca de cómo intento equilibrarlo todo. Salvo que un día sencillamente no pude reunir las fuerzas necesarias para mentir más. Después de que un incauto me preguntó cómo equilibro todo, sacudí la cabeza y contesté: "No lo hago".

"Si quiero tener éxito, sé que en términos realistas sólo puedo hacer bien *tres* cosas cada día. Así, todos los días al despertar, pienso: Trabajo. Sueño. Familia. Amigos. Fitness. *Elige tres*. Podré elegir tres cosas distintas el día de mañana, y tres cosas distintas al día siguiente. Pero hoy sólo puedo elegir tres. Tratar de elegirlo todo a largo plazo me permite equilibrar mi desequilibrio y resolver el gran dilema del emprendedor".

Casi de inmediato se me citó en publicaciones de negocios del mundo entero. *Elige tres* se había vuelto viral.

Más tarde comprendí que ese dilema no se aplica sólo a los emprendedores, se aplica a TODOS. Sin importar cómo te ganes la vida, dónde vivas o cuáles sean tus responsabilidades, nadie puede tenerlo todo sin un poco de sacrificio, concentración y energía. Con el tiempo dejé de llamarlo "el dilema del emprendedor" y lo rebauticé como *Elige tres*. No sólo es más incluyente, *también es instructivo*.

Las cinco principales categorías de tu vida podrían ser ligeramente distintas de las mías, pero para los efectos de este libro —y de los ejercicios subsiguientes—, supongamos que mis cinco categorías también te funcionan a ti.

TRABAJO. SUEÑO. FAMILIA. FITNESS. AMIGOS: EL DESGLOSE

Trabajo

Proyectos a los que aportas tiempo y de los que a cambio derivas valor, en forma de dinero, pasión, significado, una sensación de contribución a algo importante o un paso hacia una meta a largo plazo. Ese valor podría resultar de un empleo tradicional, un proyecto apasionante, una clase o curso en la escuela, una pasantía, una iniciativa de beneficencia, etcétera. Creas un producto a cambio de una suerte de insumo.

Sueño

La cosa latosa que consume treinta por ciento de tu día (si tienes suerte).

Familia

Podría ser la familia en la que naciste, la que has creado o la de tu elección. Tampoco tiene que significar tu familia biológica. Quizá tu iglesia sea tu familia. Quizá tengas una familia "moderna" o no tradicional. Comoquiera que definas a la familia en tu vida, ésta es la categoría por priorizar.

Fitness

Aunque el término *fitness* evoca imágenes de pesas y sudor, para mí esta categoría refleja una meta más amplia de cuidado y salud: fitness físico, fitness mental, bienestar emocional, atención, manejo del estrés y una alimentación sana.

Amigos

Ésta es mi categoría personal para todo lo divertido. Cuando piensas en tus amigos, por lo general piensas en las personas que están más cerca de ti. Pero aquí es donde yo pienso también en mis pasatiempos e intereses externos: las personas y actividades que brindan placer fuera del trabajo y la familia.

Ahora que hemos detallado nuestras cinco categorías, ha llegado la parte divertida.

ELIGE TRES

Éste es el momento de la implacable priorización, así que discúlpame, pero no puedes elegir esas cinco cosas al mismo tiempo. No hoy. Ni ningún otro día. Si quieres ser grande en lo que haces, Elige tres y sólo tres. Y no pierdas un solo minuto sintiéndote culpable o malo con las dos cosas que no elegiste, porque tendrás otra oportunidad de elegirlas mañana, o al día siguiente, o el mes siguiente. Ocurrirá sin duda alguna.

Porque cada día que eliges una nueva serie de tres de estas categorías en que concentrarte, puedes elegir las mismas tres cosas que el día anterior o cambiar de velocidad y seleccionar otras tres. Es TU DECISIÓN. Tal vez tengas un Elige tres para entre semana y otro para los fines de semana. Quizá tengas un Elige de verano y uno de invierno. Podrías cambiarlo cada día. Como sea, Elige tres te permite tener lo mejor en términos de concentración a corto plazo y equilibrio a largo plazo.

Puedo oírte en este momento: "Randi, ¡claro que puedo elegir las cinco opciones! ¡Puedo hacer ejercicio con mis amigos y llamarle a mi mamá de camino al trabajo! ¡Fitness, amigos y familia! ¡Ya sólo me faltan dos!"

Aunque no tengo la menor duda de que de vez en cuando, durante uno o dos días, puedes hacerte cargo de las cinco categorías, eso no es sostenible a largo plazo. Si tratas de cumplir bien (palabra clave: *bien*) esas cinco cosas, te expones a extenuarte por completo; no las conseguirás en un nivel altamente funcional. Desde luego que es humanamente posible que te ocupes todos los días de tu familia, amigos, trabajo, sueño y fitness. Pero hacer las cinco cosas —en un solo día— significa que es probable que no hagas a fondo ninguna de ellas.

Se nos ha enseñado que *desequilibrio* es una mala palabra, pero creo que es la clave del éxito y la felicidad. El estilo de vida Elige tres puede ayudarte a dirigir la vida (y mantener tu cordura) mediante el sesgo. Cuando te concentras sólo en el trío que eliges cada día, la priorización se vuelve totalmente manejable y te permites hacer esas tres cosas con una excelencia que te propulsará más lejos que varias semanas de una concentración a medias. Con el paso del tiempo, a medida que elijas un grupo distinto de tres categorías cada día, el resultado será —¡abracadabra!— ¡¡EL EQUILIBRIO!! De acuerdo, esto no es mágico, pero sería maravilloso que llegaras al final del día y supieras que no sólo cumpliste las tres cosas que te propusiste hacer, sino que también las hiciste a la perfección.

Los noruegos saben eso desde hace años. De acuerdo con el World Happiness Record (sí, ya está de regreso), Noruega pasó del cuarto lugar en 2016 al primero en 2017, seguida por Dinamarca e Islandia.

¿Por qué los países nórdicos?, preguntarás. ¿Acaso no hace mucho frío ahí? Claro, pero el clima tiene poco que ver con la felicidad. Lo que esos tres países tienen en común son altos valores en seis variables clave: ingresos (trabajo), alta esperanza de vida (fitness), valores familiares (¡epa!), libertad (sueño), confianza (amigos) y generosidad (todo lo anterior).

EL MÉTODO ELIGE TRES

HAY ALGUNAS REGLAS BÁSICAS QUE RECORDAR CUANDO SE SIGUE EL MÉTODO ELIGE TRES:

1. **SÓLO ELIGE TRES.** Aunque es muy tentador probar más (la nuestra es una cultura de multitareas crecientes, después de todo), recuerda que aquí preferimos la calidad a la cantidad. Trabajo. Sueño. Familia. Amigos. Fitness. Elige tres.

**2. NO TEMAS. ¡MAÑANA PODRÁS ELEGIR OTRAS TRES CA-
TEGORÍAS!** Aquí no hay necesidad de remordimiento del
comprador. Lo fabuloso de Elige tres es que, cuando despiertas, lo haces en un día totalmente nuevo y una oportunidad completamente distinta de elegir tres categorías
diferentes en las cuales concentrarte.

3. ¡SIN CULPA! No dejes de recordarte que no puedes hacer
bien todas las cosas, todo el tiempo. Date permiso de ser
grande en las tres cosas que elegiste y no pierdas uno solo
de tus preciosos segundos sintiéndote culpable por lo que
no elegiste. Si eso no te es posible, cúlpame a mí. Después
de todo, ¡fui yo quien te dijo que sólo puedes escoger tres
cosas!

4. ¡SÉ GRANDE! Es inútil que practiques Elige tres si no te su-
merges a fondo en las tres cosas en que decidiste concentrarte. Así, escoge tus tres y haz el mejor trabajo posible.

5. SIGUE TUS DECISIONES. Como cualquier sistema del que
eres responsable, Elige tres funciona mejor si anotas tus decisiones cada día y las consultas para confirmar que hayas
elegido las cinco categorías aproximadamente el mismo
número de veces con el paso del tiempo. Ya sea que prefie-
ras tenerlas en papel, tu teléfono o tu app Elige tres, el hecho de registrar tus tres opciones diarias te dará una idea
del panorama general de tu vida, y en dónde es probable
que debas hacer un poco más de esfuerzo.

UNA REBANADA DE MI PASTEL ELIGE TRES

Echa un vistazo a una semana mía de muestra, tomada de mi diario de Elige tres, y piensa cómo te gustaría seleccionar y programar tu Elige tres.

LUNES, 4 DE SEPTIEMBRE:

Pendientes: Familia. Sueño. Fitness.
Hoy es el Día del Trabajo, lo cual quiere decir que nadie se sorprenderá, molestará ni decepcionará si no recibe una respuesta de mi parte. Mis hijos no han iniciado aún el año escolar y mis suegros están en la ciudad. Elijo la familia para poder pasar tiempo de calidad con mis hijos, mi esposo y mis parientes de visita; el sueño, ya que mis estupendos y bellos suegros, que lucen más jóvenes cada día, se ofrecieron a levantarse temprano con los niños (¡hola, dormir!), y el fitness, porque mi esposo y yo iremos a correr al parque (después de haber dormido, ¡claro!).
¡Elige tres completo!

MARTES, 5 DE SEPTIEMBRE:

Pendientes: Trabajo. Amigos. Familia.
Comienzo el día con una aparición en televisión en la que analizo las nuevas apps y artefactos para el regreso a clases. Siempre me encanta conducir segmentos, pero prepararme para la tele significa que no elegiré el sueño, ya que tengo que levantarme al amanecer. Mi buena amiga, Erica, me acompaña al estudio y después vamos juntas a tomar un café. Tiempo con amigos: ¡Bien! Después voy a la oficina, donde tengo muchas cosas que poner al corriente. ¡Eso es trabajo dos veces! Llego

a casa a tiempo para besar a mis hijos, ayudar al de seis años a alistarse para su primer día de clases y reunirme con mi esposo cuando llega a casa después del trabajo.

¡Elige tres resuelto!

MIÉRCOLES, 6 DE SEPTIEMBRE:

Pendientes: Familia. Trabajo. Fitness.

A las siete de la mañana subo a mi hijo de seis años al autobús para su primer día de clases, lo cual quiere decir que excluyo el sueño (pero no me perdería eso por nada del mundo). Los miércoles paso el día en SiriusXM, conduciendo mi programa de radio *Dot Complicated with Randi Zuckerberg*, en Channel 111 Business Radio (hago un anuncio descarado), así que me voy directo al estudio para prepararme para el programa, recibir a mis invitados y salir al aire. Esta noche tomaré un vuelo a Boston para un evento de trabajo, así que vuelvo a casa después de mi programa para empacar, hacer un poco de ejercicio (¡120 burpees, vaya!) y pasar algo de tiempo de calidad con mis hijos (jugando Pokémon Go) antes de salir al aeropuerto.

¡Elige tres al siguiente nivel!

JUEVES, 7 DE SEPTIEMBRE:

Pendientes: Trabajo. Familia. Sueño.

Despierto súper temprano en Boston para disponerme a enfrentar un gran día (¿dónde están mis suegros ahora?). Pronunciaré un discurso ante más de un millar de profesionales de negocios y emprendedores sobre tecnología disruptiva, redes sociales y el liderazgo en la era digital y debo levantarme

temprano para prepararme. El discurso marcha muy bien
(¡*fiu*!) y a continuación firmo ejemplares de mi primer libro,
Dot Complicated (otra anuncio descarado). Luego salgo al aeropuerto para volver a casa. Estoy cansadísima cuando llego,
pero justo a tiempo para llevar a mis hijos a nuestra cena pro-
metida. Después los acuesto y me desplomo en mi cama.
Toma Trezzzzzzzz...

VIERNES, 8 DE SEPTIEMBRE:

Pendientes: Trabajo. Amigos. Familia.
Un inmenso día de trabajo. Cada vez que hago un viaje de negocios, siempre hay una pila de más del doble de cosas que
hacer cuando regreso, y hoy no es la excepción. Tengo SEIS
horas seguidas de reuniones. Pero es viernes, así que pase lo
que pase, si estoy en la ciudad me las arreglo siempre para estar en casa a tiempo para la cena de Sabbat con mi familia.
El Sabbat es muy especial en nuestra casa. Encendemos ve-
las, damos gracias con una oración y después cada uno da una
vuelta a la mesa mientras refiere las muchas cosas que agra-
dece de la semana. También hacemos una bendición especial
de "yum yum", porque en el Sabbat ¡comemos postre antes
de cenar! ¡Y hablamos de cosas que uno desea! (Nota para mí:
¿por qué no existe una opción de postre en Elige tres?) Una
vez que los niños se acuestan y llega la niñera, mi esposo y yo
vamos a un espectáculo fuera de Broadway y nos reunimos
con viejos amigos. Cuando termina la función, todos sabemos
que deberíamos ir a casa a dormir; pero vamos, en cambio, a
un jazz bar a tomar una copa. *¿Ya es la una de la mañana? ¡Qué
bueno que no elegí el sueño!*
¡Elige tres completo!

SÁBADO, 9 DE SEPTIEMBRE:

Pendientes: Familia. Fitness. Trabajo.
Es otro día espléndido en Nueva York, así que usamos una de
nuestras artimañas favoritas para participar en una carrera
más larga con nuestros hijos: ¡Scooters! Aun si ocasionalmente tenemos que llevar a los niños colina arriba, ¡es un doble beneficio de fitness/familia de Elige tres! Decidimos que
nos merecemos un almuerzo delicioso (junto con el resto de
los extraoficiales fanáticos de Nueva York, también llamados
Brunchtarians) antes de que yo me ponga a trabajar para cumplir las fechas límite de este libro. No salgo el resto del día,
para disfrutar del bello y acogedor brillo de la pantalla de mi
computadora.
Elige tres... hecha trizas.

DOMINGO, 10 DE SEPTIEMBRE:

Pendientes: Sueño. Familia. Amigos.
¡El domingo es para divertirse! Mi esposo se ofrece a levantarse temprano con los niños para que yo pueda dormir. ¡Vaya!
Las noches del domingo hacemos una parrillada en el jardín,
así que invitamos a algunos amigos y sus hijos. Saldré mañana
a otro viaje de negocios, así que hago de ésta una noche tem-
pranera para que mañana pueda salir corriendo a tiempo.
Elige tres a la bolsa.

¿CÓMO ME FUE?
HAGAMOS UN CONTEO DE LOS RESULTADOS:

TRABAJO: 5
SUEÑO: 3
FAMILIA: 7
AMIGOS: 3
FITNESS: 3

Me alegra haberme sesgado tanto esta semana a favor de mi familia, porque la próxima haré un viaje de negocios de cuatro días, lo cual quiere decir que sólo pasaré tiempo con mis hijos y mi esposo el fin de semana. La semana que viene se sesgará mucho hacia el trabajo, así que cuando regrese, quizá deba priorizar un poco más el sueño, los amigos y el fitness, en especial porque no podré hacer mucho de eso durante mi viaje. En general, no me abruma la culpa ni la presión, así que me siento muy bien con mis decisiones. Puedo cerrar el capítulo de la semana pasada sintiéndome exitosa, completa y, sobre todo, feliz.

Gracias al uso del mantra Elige tres, puedo eliminar toda autocondena o vergüenza que pudiera tener a causa de una lista genérica de pendientes colocada en todas partes. Te aseguro que tú sentirás lo mismo. Elige tres te vuelve más capaz de concentrarte, priorizar y actuar en las áreas de tu elección. Y al final de la semana podrás tomar una instantánea mental de a qué dedicaste la mayor parte de tu tiempo y energía, dónde fue donde más te sirvió estar sesgado y evaluar lo que quisieras cambiar o ajustar en los días venideros.

Si sabes que estarás increíblemente sesgado en ciertas categorías en los días o semanas futuros, elige las otras categorías ahora, antes de que tu vida se descarrile demasiado y acabes durmiendo todo el día o trabajando hasta que no veas bien. Hay una diferente entre estar bien sesgado y sesgarse a secas. *¡Auxilio! Me caí y no me puedo levantar*, y no queremos llegar ahí.

Para darte una idea de cómo funciona este método Elige tres, me gustaría darte algunos ejemplos de otras personas que viven de acuerdo con el mantra de Elige tres, para demostrarte que funciona mejor cuando tomas decisiones intencionales cada día.

EMMY

Emmy es básicamente igual a la mayoría de nosotros *antes de* la adopción del estilo de vida Elige tres. Intenta estar demasiado equilibrada escogiéndolo todo y lo único que consigue es diluirse por completo. Elige tres cosas cada día, pero a menudo trata de forzar una cuarta también. Después de una semana se siente estresada, abatida y exhausta. He aquí una parte de su diario de Elige tres:

"Lunes: Trabajo, familia, fitness. ¡Ah, y sueño! Dormí más de lo debido y fui a la clase de spinning más tarde que de costumbre. Salí corriendo de ahí y llevaba buen tiempo, pero había un tráfico espantoso y llegué muy tarde al trabajo, lo que me obligó a quedarme más tarde de lo que pensaba y a llevar a casa comida nada especial, en lugar de la cena familiar especial que había planeado. Como en el restaurante olvidaron incluir el burrito de mi hijo, tuve que regresar por él. Cuando llegué a casa, los niños estaban hambrientos y malhumorados, así que les di permiso de que vieran la televisión mientras me ponía al corriente en mis correos electrónicos. Quizá mañana será mejor".

¿Podrías indicar qué marchó mal en el día de Emmy? Exacto, eligió *cuatro* cosas —fitness, trabajo, familia *y* sueño— y por tanto todo se fue al cuerno. Si se hubiera apegado a las tres opciones del día, no habría llegado tarde a trabajar, habría disfrutado de su clase de spinning y habría llegado temprano a casa para pasar tiempo de calidad con su familia, tal como esperaba hacerlo. En cambio, sus multitareas le impidieron cumplir todas sus metas.

STEVE

Steve es la persona DEMASIADO sesgada. Prioriza en exceso el trabajo, así que a menudo sólo se concentra en dos opciones de su Elige tres, lo que tiene consecuencias poco saludables. He aquí un vistazo a su diario de Elige tres.

"Martes: Trabajo, Sueño, Amigos. He asumido un gran proyecto laboral, así que he elegido el trabajo como una de mis opciones de Elige tres todos los días en las dos últimas semanas. Quizás esta noche pueda acostarme a la una de la mañana y dormir hasta las 6:45, no hasta las 6:30. Pero probablemente no pueda hacerlo; estoy tan estresado que ni siquiera puedo dormir mucho tiempo. Le dije a Tyrone que lo buscaría más tarde para tomar una copa, pero este proyecto me tiene atado a la computadora. He comido y cenado comida para llevar frente a la pantalla desde el sábado. ¡Siento como si hubiera subido cinco kilos! Cuando termine este proyecto, ¡elegiré el fitness todos los días! No me gusta nada cómo me siento".

Es indudable que Steve trabaja en exceso. Está cansado, irritable, toma malas decisiones alimentarias y sufre las consecuencias. En realidad ha elegido concentrarse sólo en el trabajo, hecho a un lado a sus amigos y duerme menos de cinco horas diarias, si acaso. La falta de descanso y el estrés, además de una alimentación poco saludable, lo tienen agotado. Quisiera escoger el fitness, pero no se da tiempo para eso. Ahora siente los efectos de sesgarse tanto en una dirección. Steve debe hacer acopio de voluntad para concentrarse en su salud, pues de lo contrario, muy pronto las cosas empeorarán para él.

JAMES

James es una especie de Ricitos de Oro de Elige tres: ejerce inmejorablemente su sesgo. He aquí un día en su vida:

"Domingo: Sueño, fitness, amigos. ¡Todavía queda un día del fin de semana! Duermo hasta las diez y me siento revigorizado. Doy con mi grupo un paseo de cuarenta kilómetros en bicicleta y al final almuerzo con algunos compañeros. Luego de un largo día, me doy un baño y leo; me tomo mucho tiempo para ambas cosas. En la noche disfruto de Netflix y una copa de vino, para prepararme para una intensa semana. Sé que escogeré el trabajo cada día de esta semana, así que me alegra haber hecho un paseo tan largo el día de hoy, ya que tendré que hacer a un lado el fitness hasta el sábado. Hasta entonces, me ocuparé de disponer de mucho descanso para mantener a raya mi estrés".

¡James domina Elige tres! Sabe que elegirá el trabajo durante varios días, así que factoriza la pérdida de fitness en su horario y se da permiso de sesgarse durante un breve periodo. Sabe lo importante que es escoger el sueño para sus niveles de estrés, de manera que lo convierte en una prioridad, mientras que combina los amigos y el fitness para cerciorarse de cumplir ambas metas. ¡Bien hecho, James! ¡Eres una superestrella de Elige tres!

Puedes ver cómo funciona (y no funciona) elige tres para una gran variedad de personas. Algunas tienen empleos flexibles y pueden elegir tres cosas diferentes cada día. Otras pueden hallar más fácil tener una rutina regular durante la semana y un Elige tres diferente para los fines de semana. Es difícil conseguir la mezcla perfecta, pero con la práctica y tu diario podrás dominar la elección de tres categorías y hallar felicidad en tu desequilibrio.

TALLER DE ELIGE TRES

Pregúntate:

¿Qué Elige tres elegiste hoy? ¿Ayer? ¿Cuál elegirás mañana?

¿En qué Elige tres te gustaría concentrarte en vez de aquella en la que te concentras ahora?

¿En cuál Elige tres te concentraste cuando obtuviste los logros que más te enorgullecen?

¿Hay alguna categoría que hayas descuidado (o sacrificado) demasiado? De ser así, ¿te sientes constantemente culpable y te haces reproches?

¿Te suena conocido todo esto? *Si tuviera más dinero, o más tiempo, podría concentrarme en mis sueños.* ¿Cómo puedes hacer a un lado esto y comenzar a encaminarte hacia otras categorías hoy mismo?

¿Ha habido un día en que te sesgaste tanto que apenas pudiste elegir dos cosas?

Escribe en tu diario tus respuestas para descubrir cómo, por qué y adónde se inclina tu desequilibrio.

Tendremos momentos en que podremos decidir en qué queremos sesgarnos. En otros, esas decisiones serán tomadas por sucesos fuera de nuestro control: edad, etapa profesional, independencia financiera, geografía, influencias culturales y religiosas, salud, educación, presiones familiares... todo esto desempeña un papel en ello.

En muchos de los libros que he leído acerca del equilibrio perfecto trabajo-vida, a menudo el autor parece preparar al lector al fracaso al suponer que todos disfrutan del mismo nivel de privilegio que él. Yo no supondré eso. Sé que algunas personas nacieron con suerte; tienen que elegir su pasión con el viento a su favor. Disponen de una familia cariñosa y comprensiva, así como de los medios y recursos para perseguir sus sueños, todo ello al mismo tiempo que disfrutan de una buena salud mental y física. Para otros, la batalla cotidiana es más una lucha que un logro. El solo hecho de mantenernos a flote nos vuelve merecedores de una medalla. A veces tenemos que reducir la búsqueda del equilibrio a un simple hashtag en Instagram, lo que francamente se siente bien en demasiadas ocasiones. Pero las cosas no tienen por qué ser así. ¡Podemos mejorar!

Por eso no basta con lanzar cinco categorías, decirte que escojas tres de ellas y hasta ahí. También deseo ocuparme de los tipos de situaciones y circunstancias que podrían conducir a tu desequilibrio y de cómo asegurarte de que sigas una senda más propicia a la felicidad, sea cual fuere el camino que sigas allá.

DICHO ESO, TE PRESENTO A MIS AMIGOS DE ELIGE TRES:

EL APASIONADO: La persona que decide en qué desea sesgarse. En este momento se encuentra en un punto saludable, con el apoyo de una familia cariñosa, amigos o comunidad para ayudarle a tomar su decisión.

EL ELIMINADOR: A veces, saber qué NO hacer puede ayudarte a decidir qué elegir. Algunas personas tienen una noción más clara de aquello en lo que no desean concentrarse, más que de aquello en lo que querrían hacerlo, y terminan sesgándose más por el proceso de eliminación que por cualquier otro.

EL SUPERHÉROE: Una persona que en realidad no quería sesgarse pero que, debido a circunstancias imprevistas (sucesos recientes, enfermedad y finanzas, por ejemplo), se vio obligada a vivir de manera desequilibrada.

EL RENOVADOR: Alguien que comenzó como apasionado pero que topó con un gran obstáculo. Ha tenido que reconstruir y cambiar para alcanzar su meta.

EL MONETIZADOR: Esta persona capitaliza una de nuestras necesidades humanas básicas de trabajo, sueño, familia, fitness y amigos. A través de sus productos o servicios, nos ayuda a cumplir nuestra meta mucho más rápido y a lograr en esa área más de lo que creíamos posible.

EL EXPERTO: La persona optimista que sabe mucho más que yo acerca de por qué el trabajo, el sueño, la familia, el fitness y los amigos son tan importantes en nuestra vida.

¿Cuál de ellos eres tú?

Estoy segura de que puedes identificarte con algunos aspectos de muchos de estos personajes (como cuando lees el horóscopo de Aries pese a que eres Capricornio, y aun así lo que dice tiene sentido). Un día cualquiera, tu Elige tres podría parecer muy distinto. Pero recuerda que no existe una manera correcta o incorrecta de sesgarse. Sea por decisión o por las circunstancias, Elige tres te permite vencer cualquier reto que la vida ponga en tu camino, gracias a una concentración cuidadosamente elegida.

Hablando de retos, vivir de modo desequilibrado requiere sacrificio, ¡pero del buen tipo! Tienes que renunciar a la noción de que podrás cumplirlo todo, todos los días. Debes estar dispuesto a decir: "Adiós, gimnasio; hoy no", "Haré ese viaje sin mi familia", "Supongo que tendré que sobrevivir durmiendo cuatro horas esta noche" o "No responderé ningún correo el día de hoy". Simplemente no es posible seleccionar el trabajo, el sueño, la familia, el fitness y los amigos al mismo tiempo Y hacerlo bien todo.

Puede ser difícil sentir que renuncias a algo o aceptar el hecho de que eres un mero mortal. Pero te aseguro que una vez que empieces a concentrarte, priorizar y elegir tres —una vez que te des permiso para sesgarte en lugar de estar equilibrado—, te sentirás más feliz, más realizado y mucho más exitoso en las cosas que escojas. Esto cambió mi vida por completo, ¡y no podría estar más emocionada de que Elige tres cambie la tuya!

2

LOS CINCO GRANDES

TRABAJO. SUEÑO. FAMILIA. FITNESS. AMIGOS. #GOTIME

Trabajo

El típico empleado de oficina pasa de cuarenta a sesenta horas
a la semana en su escritorio, ¡y eso es mucho tiempo! Por eso
es tan importante buscar un trabajo que se ajuste a tu vida.

MARYJO FITZGERALD
GERENTA DE COMUNICACIONES ECONÓMICAS DE GLASSDOOR

No te mentiré: sentarme a escribir este capítulo se sintió un poco como ir a terapia. Si tuviera que señalar el área más problemática de mi Elige tres es que siempre quiero elegir el trabajo. Si no estoy ocupadísima trabajando en algo, o dando la vuelta al mundo dando conferencias, encuentro la manera de inventar proyectos. Tengo que decirme tajantemente que debo elegir menos el trabajo y concentrarme un poco más en las demás áreas de mi vida. En especial como mamá, me siento muy culpable cuando digo eso en voz alta.

¿Qué impulsa a personas como yo a buscar constantemente entornos de trabajo intenso? ¿Por qué algunos de nosotros optamos por sesgarnos repetidamente hacia nuestra carrera? Sin duda hay muchas personas para las que el trabajo no pasa de ser un mero salario. Algunas derivan significado de sus relaciones y actividades fuera de su profesión. ¿Por qué, entonces, algunos de nosotros atribuimos tanto significado a lo que hacemos profesionalmente y convertimos nuestro trabajo en una parte tan decisiva de nuestra identidad? ¿Y qué sucede cuando lo hacemos a un lado? ¿Qué efecto tendría que dejáramos de seleccionar el trabajo por completo? ¿Y qué ocurre cuando cambiamos nuestras prioridades o la vida nos impone algo que nos obliga a seleccionar el trabajo un poco más o un poco menos? Llegar al núcleo de estas preguntas es esencial para comprender el papel que el trabajo desempeña en cada una de nuestras metas de Elige tres, y la verdad sea dicha, para mi propia cordura también.

Siempre he sentido que la clave del éxito es el trabajo intenso. Sencillamente no hay atajo en la vida que no implique invertir muchas horas, fletarse y sobarse el lomo. Cada vez que veo triunfar a alguien y quisiera ser esa persona, mi ansia aumenta y trabajo con más ahínco aún.

Pero esto no es un hecho reciente. Desde que tengo uso de razón, he trabajado con esmero. Desde el día en que fui capaz de decir la palabra *Harvard*, quería ir ahí. Lo cual significa que trabajé y estudié durante toda mi educación secundaria y preparatoria. Mis padres me brindaron una maravillosa y cómoda educación y pagaron mis estudios para que no tuviera una abrumadora deuda estudiantil. Pero siempre tuve una vocecita fastidiosa en el fondo de mi cabeza que decía: *Randi, no puedes depender de nadie más en esta vida. Trabaja duro. Gánate las cosas por ti misma. Gana tu propio dinero.*

Ya fuera ayudando a mi papá en su consultorio dental una vez que terminaba mis tareas escolares, sirviendo en el club local de bridge o cuidando a mis hermanos menores y sus amigos por cinco dólares la hora (hay valor monetario en ser la mayor de cuatro hijos), nunca rechacé una oportunidad de trabajo.

Y para mí no era suficiente sólo trabajar. Quería que mi dinero trabajara también. No tenía mucho de él a mi nombre, así que recluté a mi papá para que me ayudara a conocer el mercado de valores a fin de que pudiera empezar a invertir. Al final elegí tres emisiones accionarias: McDonald's (porque era delicioso y me gustaba ir ahí en ocasiones especiales), American Express (porque mis padres tenían una tarjeta y la usaban para comprarme cosas bonitas) y sólo porque tenía un nombre atractivo elegí la nueva emisión llamada "Google". Adivina a cuál de ellas le fue mejor.

Durante la preparatoria trabajé como recepcionista en el Central Square Café de Westchester, Nueva York. También les daba clases a estudiantes locales (¡una vez que fui aceptada en Harvard pude triplicar mis precios!) y se me ascendió a asistente en jefe en el club de bridge, lo cual significó, además de un gran aumento en mi salario, que tendría que dirigir a los demás asistentes. ¡Hola, alta dirección!

En la universidad, cuando todos los demás se iban de excursión a Europa yo trabajaba, y a menudo aceptaba dos o tres pasantías al mismo tiempo mientras continuaba con mis clases privadas. Incluso rechacé una oportunidad de actuar en el mundialmente famoso Fringe Festival de Edimburgo para poder tomar un empleo de verano. Admito que fue una decisión difícil.

¡Ni siquiera me di un poco de tiempo entre mi salida de la universidad y mi incorporación a la fuerza de trabajo! Soñaba con salir con mis amigos, viajar, disfrutar de Nueva York. Pero no. Un largo fin de semana fue todo lo que tuve. Me gradué de Harvard un jueves y comencé a trabajar en Nueva York, en Ogilvy & Mather, el lunes siguiente. En Ogilvy trabajaba regularmente más de doce horas diarias, pero nunca lo pensé dos veces porque todos mis amigos en cada industria que conocía hacían lo mismo. Cuando estás al principio de tus veintes, todavía estás en gran medida en la fase "formativa" de tu carrera y si tienes metas profesionales ambiciosas, sesgarte hacia el trabajo es más una expectativa que una decisión.

En ese entonces yo tenía todavía la energía para salir con mis amigos hasta altas horas de la noche *todas las noches*. Vivíamos en la ciudad que nunca duerme y quería aprovechar al máximo eso. Cuando comencé a salir con quien más tarde sería mi esposo, los dos teníamos veintidós años y recuerdo haber tenido la filosofía de que si llegábamos a casa antes de las cuatro de la mañana, había sido oficialmente una "mala" noche. Al paso de los años, eso se ajustó a las dos de la mañana. Después a medianoche. Ahora, cuando nos acostamos a las diez de la noche, a menudo recordamos ese límite de tiempo demasiado relajado y nos reímos.

Yo pensaba que trabajaba mucho viviendo en Nueva York, ¡pero uno no ha visto nada acerca de lo que es sesgarse hacia el trabajo hasta que se trabaja en una nueva empresa tecnológica en sus primeras etapas! Mi mudanza a Silicon Valley para desempeñarme en Facebook en 2005 redefinió lo que el trabajo intenso significaba para mí.

En esos días, Facebook contaba con apenas una docena de empleados en una pequeña oficina arriba de un restaurante chino. Cada uno de nosotros cumplía todo tipo de tareas. Si no sabías cómo hacer algo, lo deducías y lo hacías de todos modos. En una nueva empresa, el ritmo, el horario, la atmósfera son demasiado intensos. Tu trabajo se convierte en tu vida. No existe ninguna separación entre ambos. Ningún equilibrio. Tus colegas pasan a ser tus mejores amigos, tu familia, tu *todo*. Todo se combina. Lo cual quiere decir que prácticamente trabajas todo el tiempo, y ésta es una de las principales razones de que en las nuevas empresas tiendan a predominar las personas jóvenes sin una familia propia todavía. En esencia, tienes que elegir el trabajo como las tres opciones de tu Elige tres sólo para sobrevivir.

Quédate conmigo y trata de no espantarte demasiado cuando te diga lo que hacíamos para divertirnos: trabajábamos MÁS. Cada tantos meses, celebrábamos un *hackatón* para los empleados. Todos eran invitados a pasar una noche entera en la oficina y trabajar en un proyecto durante doce horas seguidas (¿¡qué clase de invitación es ésa!?). La clave —o la parte divertida, más bien— era que el proyecto en el que trabajabas no podía relacionarse con tus labores diarias. No podías sentarte en una esquina y reducir a cero tus correos electrónicos de trabajo acumulados en tu bandeja de entrada. No podías ocuparte de una presentación para una reunión próxima. Eran doce horas seguidas para terminar un proyecto apasionante, algo nuevo y creativo. Si seguías de pie a las siete de la mañana, tenías que presentar tu idea a todos los demás en la compañía, a lo que le seguía un desayuno de crepas.

Sé lo que piensas, y tienes razón. ¿¿Nuestra idea de un descanso del trabajo era *trabajar en otras cosas*?? Sí, ¡por eso los emprendedores de nuevas empresas están locos! Está en nuestro ADN trabajar, trabajar, trabajar y no descansar nunca. ¿Qué tan a menudo idea Elon Musk una nueva manera de llegar a la luna, cruzar el país a toda velocidad y no tener que pagar gasolina nunca? ¿La Compañía Aburrimiento? ¡Elon Musk es todo menos aburrido! Relajarte siquiera un momento les da a tus competidores la oportunidad de alcanzarte, lo cual puede significar el fin de tu empresa. Así que sí, trabajábamos por trabajar. Y también trabajábamos para divertirnos. No quiero asustarte, pero si estás leyendo este libro, piensas poner tu propia compañía y no tienes esa mentalidad de trabajo, quizá debas pensarlo dos veces. Para los emprendedores, el trabajo es diversión, y nuestros hackatones en Facebook eran la diversión encarnada.

No es mi intención alardear ni nada por el estilo, pero hay dos proyectos de ese *hackatón* de los que estoy particularmente orgullosa. El primero fue una banda de *covers* de los años ochenta integrada por empleados y llamada Feedbomb. Compuesta por empleados y exempleados de Facebook, Feedbomb tocaba en fiestas de la compañía, eventos de beneficencia y cualquier otro tipo de actos. Nuestro lema era: "Tocamos gratis y obtienes lo que pagas". Quizá no hayamos sido la banda de rock más grande del mundo, pero teníamos mucho entusiasmo (¡y tocábamos canciones de Heart también!).

Mi segunda idea del *hackatón* y de la que estoy más orgullosa, terminó por involucrar a dos MIL MILLONES de personas. De hecho, probablemente esté en tu teléfono en este momento. ¡Tal vez la has usado incluso! Se llama Facebook Live.

En ese tiempo (y aún ahora) me apasionaba mucho la intersección entre contenido digital y medios digitales. En 2010, cuando no veíamos *Game of Thrones* a demanda en nuestras laptops, cuando Netflix y Amazon no gastaban miles de millones de dólares en series originales fabulosamente producidas, yo dedicaba mucho tiempo a preguntarme si habría un mundo en el que las redes de televisión pudieran vivir *dentro* de Facebook. Empecé a imaginar un lugar donde cualquier persona, no sólo gigantescos conglomerados de televisión, pudiera hablar directamente con su audiencia cada vez que quería usando Facebook como su medio de acceso. Dado que no existía nada igual, fui directamente con algunas de las grandes redes con las que me había asociado exitosamente con anterioridad —compañías como CNN y ABC News—, pero como el concepto era tan novedoso, tuve dificultades para explicar mi visión en una forma convincente, así que me rechazaron. En todas partes. Sin embargo, no renuncié a mi visión y sencillamente tuve que hacerla yo misma. Así, en el siguiente *hackatón*, creé: "Facebook Live, con Randi Zuckerberg".

Fue un fiasco. Sólo dos personas vieron mi primer programa: Karen y Edward Zuckerberg, mis padres. Me sentí tan mal que no duré las doce horas íntegras para presentar mi visión a la compañía. Me rendí, volví a casa y me acosté.

Pero en alguna parte algo tocó una cuerda sensible, porque semanas después recibí una llamada telefónica del representante de la estrella pop Katy Perry, quien me dijo que Katy quería usar mi programa de Facebook Live para lanzar su gira mundial. Como yo estaba a punto de echar por la borda mi creación —"Perdón, pero en realidad no es un programa de televisión, es sólo un pequeño proyecto que yo armé"—, me detuve y me pregunté: *Randi, ¿qué harían tus colegas hombres?* Querrían conocer a Katy Perry. Harían QUE. ESO. FUNCIONARA.

Así que hice que funcionara. El de Katy Perry fue el primer programa oficial de Facebook Live, en enero de 2011. Millones de personas lo sintonizaron. Las localidades de la gira mundial de esa estrella se agotaron en cuestión de minutos. A partir de ese momento, Facebook Live se convirtió en un medio de *bona fide*. Todos querían participar. Teníamos a celebridades, políticos, atletas, líderes mundiales... lo que quieras, llegando a montones a las oficinas generales de Facebook para estar presentes en Facebook Live.

Entonces, en abril de 2011, recibí una llamada de la Casa Blanca (¡¿quién podría decir eso aparte de Olivia Pope?!), porque el presidente Obama quería usar Facebook Live para hablar desde un ayuntamiento con Estados Unidos. De hecho, esta plataforma le gustó tanto que la Casa Blanca empezó a hacer un video semanal para Facebook Live sobre información importante y actualizaciones en todo el país.

Meses después, fui nominada a un Emmy por Facebook
Live, pero perdí en favor de Anderson Cooper, quien transmi-
tió en vivo desde una zanja en Haití (ganaste esta vez, Cooper). Lo más emocionante fue cuando Facebook lanzó un
botón de Facebook Live para *todos los miembros* de Facebook
(más de *dos mil millones de personas*). Esto, a partir de una pequeña idea que armé en mi tiempo libre se convirtió, pronto,
en una de las partes esenciales de Facebook. Aunque ya no
formo parte de esa compañía, cada vez que veo un anuncio de
Facebook Live en Times Square o veo a alguien que habla directamente con sus seguidores y amigos, me siento orgullosa de
haber inventado algo tan ubicuamente utilizado por miles
de millones de personas en todo el mundo. Sin haberlo busca-
do, dejé mi propio legado en una compañía que tiene a otro
mucho más famoso Zuckerberg en el timón.

Fue entonces cuando me volví muy meta, supongo. Mi
trabajo extracurricular, que se suponía que era un divertido
descanso de mi trabajo real, se convirtió en tanto trabajo que
tuve que tomar una decisión entre concentrarme en mis labores propiamente dichas, en mis intensas actividades complementarias, o en las dos cosas y renunciar a tener una vida.
En una nueva empresa, sólo hay una respuesta correcta a esta
pregunta: RENUNCIAR A TENER UNA VIDA.

Equilibrada no estaba siquiera en mi vocabulario en esos
años. Cuando recibes la oportunidad de trabajar en algo tan
exitoso, que también tiene un tremendo impacto en cada industria y evento, no piensas en el equilibrio. Mi trabajo era mi
vida. Trabajé sin parar durante siete años seguidos. Viajaba a
más de veinte países *cada año* por motivos laborales. El fin de
semana anterior al día en que di a luz a mi primer hijo, estuve
despierta tres días seguidos, preparando el programa del presidente Obama en Facebook Live en nuestras oficinas.

Me encantaba estar en Facebook. Pero empecé a darme cuenta de que cuando trabajas en una nueva empresa que no iniciaste tú mismo, te sesgas hacia la visión de otra persona (aun si es de tu familia). Los grandes líderes son excelentes para lograr que miles de personas vean tan apasionadamente su propia visión que se sesguen también en la visión de su líder. Pero yo no podía deshacerme de mis pasiones y sueños personales acerca de aquello hacia lo que quería sesgarme. No era la visión de otra persona lo que me impulsaba.

Ahora que lo pienso, ésta es la principal razón de que las artes escénicas sigan inmiscuyéndose en *todos* mis proyectos de trabajo. Primero, esas artes sólo llegaban a la periferia, como Feedbomb, mi banda de *covers* de los ochenta. Cuando pienso por qué creé Facebook Live, fue en gran parte por mi deseo personal de producir y crear un nuevo canal para las artes.

Hice todo lo *posible* por suprimir mi parte artística. En Silicon Valley se supone que estás cien por ciento concentrado en tu nueva empresa. De no ser así, se te considera un *fauxpreneur*, una persona que quiere dirigir pero que sencillamente no tiene lo que se necesita para hacerlo. Y las pasiones y pasatiempos personales se consideran las peores cualidades, porque distraen, son frívolas y autocomplacientes y no son lo que se necesita. Magnifica esas cualidades diez veces si eres mujer y cien veces si te apellidas Zuckerberg (¡hola!). Había, entonces, (y lo hay aún) un grave caso de síndrome de atractivo en el área de la tecnología. Entre más ideas tienes que crean valor y consolidan tu marca personal, más atención atraes. Y si atraes atención, al final te harán pedazos.[1]

Eso fue lo que me pasó a mí. Entre más ponía de mí misma, más sombras recibía. Las redes se llenaron de artículos en los blogs que se burlaban de la "hermana de Mark Zuckerberg que canta". Algunos mentores me aconsejaron "ser menos interesante" si quería triunfar como líder en el mundo de la tecnología, en especial siendo mujer.

¡Pero yo no quería ser menos interesante! ¿Había trabajado tanto sólo para ser invisible? ¿Para no cosechar los beneficios de haber invertido tanto tiempo? Para mí, aquí es donde muchas compañías se equivocan. Creen que sus empleados trabajan mucho sólo por dinero, así que si le avientan dinero a su fuerza de trabajo, los empleados seguirán bajando la cabeza y sintiéndose igual de motivados. Hasta que dejan de estarlo. Porque somos seres humanos. No trabajamos tanto sólo por dinero. Trabajamos mucho por toda clase de razones: reconocimiento, orgullo, aceptación, sentirnos parte de algo importante, unos segundos de fama o notoriedad, una fuerte ética laboral, etcétera.

Y justo a todo eso se debió que yo dejara Silicon Valley para siempre, cuando mi sueño número uno en la vida llegó por sí solo: la posibilidad de protagonizar *Rock of Ages* en Broadway.

Dediqué toda mi escuela primaria, secundaria, preparatoria y universidad a actuar cada vez que podía y como podía. ¡Estaba *segura* de que sería una gran estrella! Pero la vida se atravesó en mi camino y pronto ahí estaba yo, al inicio de mi treintena, trabajando en tecnología, viviendo en los suburbios de California con mi esposo y nuestro hijo de dos años. Supuse que mi sueño me había dejado atrás hacía mucho tiempo.

Pero eso es lo curioso de los sueños. A veces regresan y te encuentran cuando menos te lo esperas. Un día, de la nada, recibí una llamada telefónica de Scott Prisand, uno de los productores de *Rock of Ages*. Buscaban algo "nuevo y fresco" para el espectáculo y querían presentar a una estrella invitada, una personalidad de la tecnología. (*¡Dios mío! ¿Ése era el momento que había esperado toda la vida? Seguido por... ¡Oh, no! ¿Y si me* *pide la información de contacto de mi hermano? ¡Me muero!*) Te imaginarás mi alivio y euforia cuando Scott me dijo que varias personas ME habían recomendado. ¡¡Me ofrecía un papel protagónico en un espectáculo de Broadway!!

¿El único problema? Yo acababa de descubrir esa *misma mañana*, apenas unas *horas* antes, que estaba embarazada de nuestro segundo hijo.

Era un hermoso día de febrero en California (de acuerdo, en California todos los días son bonitos). Scott me preguntó si estaría disponible en unos meses, quizá mayo o junio, para asumir el papel. Calculé rápidamente cuándo se me empezaría a notar la panza. *Dos más seis y luego uno...*

"¿Qué tal este lunes?", sugerí.

Después de una breve conversación con mi esposo, muchas lágrimas de alegría y algunas consultas con mi médico, me marché a Nueva York días después, mientras mi esposo y mi hijo se quedaban en California. Una vez que llegué a Nueva York, tuve un total de ocho ensayos antes de debutar en Broadway, en el papel de Regina Koontz en *Rock of Ages*, exactamente *tres semanas* después de haber recibido esa llamada telefónica. Es difícil poner en palabras lo que fue esa experiencia, así que sólo diré que fue uno de los momentos más increíbles de mi vida. Pese a que nadie estuvo de acuerdo con mi decisión.

Varios mentores me recomendaron no cantar en Broadway, que nunca más sería tomada en serio en los negocios si dejaba Silicon Valley para ponerme un leotardo brilloso y cantar a voz en cuello "We're Not Gonna Take It". ¿Sabes qué pensé? NO ME IMPORTA. ¿Qué caso tenía seguir eligiendo el trabajo en mi Elige tres si eso sólo significaba que tendría que seguir haciéndolo el resto de mi vida, a expensas de todo lo demás? ¿No me había sesgado tanto en el trabajo para que cuando

llegara el momento de concentrarme en otra cosa hubiera
acumulado suficiente credibilidad, apilado suficientes "Elige
tres" de trabajo? Estaba segura de que al final de mi vida no
pensaría: *¡Vaya!, ojalá no hubiera cantado en Broadway, así habría complacido a personas a las que nunca iba a complacer de
todas formas*. Así fue como, después de una década de estar increíblemente sesgada hacia los sueños y visiones de otras personas, decidí concentrarme en los míos.

Un estudio de la Association of Independent Professio-
nals and the Self Employed (IPSE) determinó que ochenta y
seis por ciento de entre un número de novecientos trabajadores por su cuenta dijeron estar "mejor en términos de satisfacción laboral e igualmente más felices en la vida en general que
cuando eran empleados y hacían algo similar".[2] Cuando me
fui de Facebook, puse mi propia compañía, Zuckerberg Media,
y comencé a realizar, de inmediato, labores de consultoría,
di conferencias y trabajé para mí. De repente podía sesgarme
como quería y cada vez que quería. Fue relajante, emocionante y sumamente liberador.

Dicho esto, NO recomiendo que todas las personas que se
sientan insatisfechas en su trabajo abandonen su puesto. Sé que
no todos habrían tomado la decisión que yo tomé, pero fue la
decisión correcta para MÍ. Quería formar una familia. Quería poner una compañía propia. El desequilibrio puede ayudarte a encontrar la felicidad, pero la versión de todos de ser
feliz es completamente diferente, dependiendo del momento de tu vida en que te encuentres. Tu felicidad podría ser *o* no
decirle a tu jefe que tome tu trabajo y se ocupe de él (¡Aunque
soy de la opinión de que más mujeres deberían poner su propio negocio!).

Conozco mi historia, pero de ninguna manera pretendo
ser una experta en el trabajo, así que recurrí a la ayuda de una

verdadera experta en el trabajo, MaryJo Fitzgerald —la gerenta de asuntos corporativos y comunicaciones económicas de uno de los sitios de empleo en internet de más rápido crecimiento, Glassdoor— para que interviniera. MaryJo me dijo que no tenía nada de *malo* que yo fuera adicta al trabajo, pero me invitó a redefinir eso como estar "orientada a mi carrera". Sin embargo, eso no significa concentrarse únicamente en tu trabajo y nada más. "Aunque no tiene nada de malo ser una persona orientada a su carrera", me dijo, "¡es importante mantener el equilibrio en todos los aspectos de tu vida!" Estuvo de acuerdo con mi teoría de estar bien sesgada y no tratar de tenerlo todo, al menos no al mismo tiempo. "Date margen cuando tengas que concentrarte en el trabajo y cuando debas hacerlo en otros aspectos de tu vida".

De hecho, me dijo que de ninguna manera yo estaba sola en mis tendencias de orientación a mi carrera. Según una encuesta de Glassdoor que ella compartió conmigo, los estadunidenses sólo toman la mitad de sus vacaciones pagadas.[3] Yo formaba parte de esa estadística. Un año me gané literalmente un crucero de lujo gratis de una semana como parte de un proyecto de trabajo ¡y no lo tomé! No pude encontrar una sola semana en el año calendario para poder tomar esas malditas vacaciones, y ahora me doy de topes contra la pared. ¡Qué tonta! Pero en ese momento, el trabajo parecía tan importante y tantas personas dependían de mí que sentí que sencillamente no podía ausentarme.

MaryJo concuerda con la Randi actual (y con todos ustedes) en que, en efecto, fui una tonta. De acuerdo, quizá no lo dijo con esas palabras, pero dijo que tomar vacaciones es clave para la productividad. "Darse tiempo para dejar de lado el trabajo y hacer una revisión personal es importante, y los empleados estadunidenses no lo hacen lo suficiente... o en absoluto", dice. "Somos más productivos cuando nos hemos dado tiempo de alejarnos de nuestro empleo, de vacacionar de verdad". Tal vez sea momento de pasar a la hora Fiji.

Trabajar demasiado, sin parar, hace que todos seamos mucho menos eficaces en nuestro empleo. MaryJo afirma que los efectos físicos, mentales y emocionales del exceso de trabajo son muy perjudiciales para la calidad de lo que producimos. "Si trabajas diez, doce, catorce o más horas diarias, dejarás de ser eficaz en tu labor. Nuestro cerebro necesita tiempo para descansar a fin de que podamos seguir siendo creativos, estratégicos y reflexivos. Busca maneras de ser más eficiente, no simplemente de quemarte las pestañas toda la noche. Dedicar más tiempo al trabajo no necesariamente significa que trabajes mejor. La calidad es más importante que la cantidad".

Oye, MaryJo, ¿podrías repetirles eso a mis hijos? ¡Son los jefes más exigentes!

La verdad es que cada uno de nosotros toma sus propias decisiones. Lo cual es maravilloso. La cantidad de veces en que elijo el trabajo en mi Elige tres podría parecerte muy sesgada. Abandonar la fuerza de trabajo y no seleccionar el trabajo en el Elige tres, podría parecerles una gracia salvadora a algunos pero un castigo espantoso a otros. Dice MaryJo: "La idea del equilibrio trabajo-vida es muy personal y reflexionar en cuál es tu línea —en qué momento podrías desequilibrarte— es la clave. Conoce tus límites y apégate a ellos". Yo no podría estar más de acuerdo con eso. Todos tenemos que elegir nuestro propio Elige tres.

Conocerte, conocer tu estilo de vida y las demandas sobre tu tiempo y atención puede ayudarte a sortear el papel del trabajo en tu Elige tres.

EL APASIONADO DEL TRABAJO

Una persona que decide sesgarse hacia el trabajo toma una decisión
por sí misma, no por necesidad o las circunstancias, y generalmente
siente que tiene el apoyo de sus amigos, familiares y/o comunidad
al hacer del trabajo una prioridad.

> *Una de mis grandes frustraciones sobre la forma en que los
> medios de comunicación retratan a la mujer soltera profesionista
> es que todas somos esos monstruos enloquecidos por la ambición
> que decidieron no casarse ni tener una familia. Mi meme menos
> favorito es: "¡Despertó a los cuarenta y vio que había olvidado
> tener una familia!". Nadie llega a los cuarenta y piensa: Dios mío,
> olvidé tener un bebé.*

MELINDA ARONS, EXDIRECTORA DE
BROADCAST MEDIA FOR HILLARY FOR AMERICA

Después de actuar en *Rock of Ages*, se me invitó como corres-
ponsal de los Tony Awards, lo que significaba entrevistar a
estrellas y artistas tras bastidores, con *cinco meses de embarazo*. Decidí "tecnologizarme" para distraer la atención de mi
panza, así que recorrí la alfombra roja con mis Google Glass
(precursores de los anteojos de realidad aumentada que tuvieron sus quince minutos de fama; los Tony Awards ocurrieron
a aproximadamente el minuto 14:46 en ese marco temporal).
Estaba en mi elemento. Teatro más tecnología más Tonys,
¡dios mío!

En el diagrama de Venn de las personas que trabajan en
tecnología, están tras bastidores en los Tony Awards y son apa-
sionadas del trabajo como yo hay dos personas: yo misma y
Melinda Arons. Melinda supervisaba la integración de videos
creativos en mi alma máter laboral, "The Book". Ese año fue

responsable de hacer que los ganadores del Tony publicaran mensajes de agradecimiento a sus fans en sus páginas en Facebook. Nos caímos bien por nuestro gusto por el teatro y por Facebook y desde entonces he sido #fangirl de Melinda Arons.

Melinda Arons no es un nombre famoso *todavía* (¡espera un poco!), justo el motivo que me atrajo a conversar con ella como apasionada del trabajo. Claro que hemos oído una y otra vez las historias de la misma docena de nombres famosos súper exitosos en los negocios, pero hay millones de nosotros a quienes nos gusta trabajar con empeño, apasionados por nuestra carrera y que hacemos sacrificios en la vida con el fin de preservar nuestra orientación profesional. La mayoría no obtenemos nunca el mismo tipo de notoriedad, lo que en cierto sentido nos da más libertad para optar por el Elige tres que queremos, porque el mundo no observa todos y cada uno de nuestros movimientos.

Me identifiqué de inmediato con Melinda. Desde siempre le han atraído los empleos con mucha presión, pese a lo cual no cree ser súper intensa. Simplemente quiere apegarse a lo mejor y no soporta asociarse con algo en lo que no ha dado todo. Incluso en su vida personal, sufre para decidir a qué restaurante ir, qué vacaciones tomar; persigue la perfección en todo lo que hace.

Algunos podrían llamar a esto tipo A; ella lo llama maximizar. ¿Por qué dejar pasar la oportunidad de comer bien y comer en cambio algo promedio, sobre todo si lo puedes evitar? Ella traslada esta filosofía a su carrera profesional y prospera donde está la acción, rodeada por otras personas de alto desempeño al máximo de su capacidad.

Melinda inició su carrera en *Nightline*, donde desempeñó un papel capital en la revitalización de ese programa. Después trabajó en Facebook, compañía a la que se sumó en una etapa de muy alto crecimiento, tras su cotización en la bolsa. Todo iba en ascenso hasta años después, cuando dejó ese empleo de alto perfil en Facebook con el fin de asumir un papel ejecutivo de no tan alto perfil en la campaña presidencial de Hillary Clinton en 2016.

No muchas personas habrían tenido las agallas de dejar un empleo tan bueno como el de Melinda. Ella me describió el momento como de rayo en el que recibió la llamada telefónica del equipo de campaña de Clinton y se le dieron cinco días para tomar la decisión de empacar. En ese periodo, en realidad no puedes darte el lujo de sopesar los pros y contras, tienes que confiar en tu intuición. Melinda siempre se ha definido por los puestos que ha ocupado, por las compañías de alto perfil en las que ha laborado. No era sin duda el tipo de persona que toma decisiones irracionales y espontáneas acerca de nada, no acerca del restaurante donde comer, ¡no en absoluto respecto a su carrera! Pero en este caso se vio tomando una decisión riesgosa que definiría su carrera sin tiempo para buscar datos ni sostener largas conversaciones o sopesar los pros y contras. Una gran oportunidad había llegado por sí sola y en esa situación una persona apasionada por el trabajo sabe lo que tiene que hacer.

(Melinda es la única persona que conozco que dejaría un empleo intenso y exigente en una compañía de tecnología para ocupar un puesto aún más intenso y exigente en una campaña presidencial.)

Melinda hizo una gran apuesta al renunciar al tipo de trabajo que la gente lucha toda la vida por tener, todo porque sabía que no podría ver pasar tan monumental campaña presidencial sin involucrarse en ella. No habría hecho eso si quien contendía por la presidencia hubiera sido otra persona. En nuestra conversación me dijo que si la hubieran puesto a meter cartas en sobres durante esa campaña, se habría sentido orgullosa. "La elección presidencial de 2016 fue una batalla por el alma del país", me dijo. Sintió que no podría despertar el día de la elección y mirarse al espejo sin saber que había dado todo, trabajado por el resultado que quería, con la misma concentración e intensidad con la que siempre había abordado su trabajo.

Pero todo tiene un costo. Melinda reconoce que tuvo que hacer grandes sacrificios para concentrarse mucho en el trabajo. Lo cual plantea la pregunta que todo apasionado del trabajo tiene que hacerse en algún momento: *¿Vale la pena?*

(Considerando en especial que su candidata no ganó.) (Lo cual se escribe junto con un gran suspiro.)

Para los apasionados del trabajo, es común que nuestra mayor fortaleza y nuestra mayor debilidad sean lo mismo. Nuestro intenso impulso y motivación por el éxito nos propulsa a increíbles alturas en nuestra carrera, pero también nos ciega a otros aspectos de nuestra vida que quizás ignoremos.

La pregunta *¿Vale la pena?* nos la hacemos todos, en muy diferentes momentos de nuestra vida. Y es, sin duda, una pregunta que cualquiera que da un drástico salto profesional tiene que hacerse (como lo hicimos Melinda y yo, al pasar de Facebook a la política y Broadway, respectivamente). Para Melinda, la respuesta es un resonante sí. Valió por completo la pena. Aunque aquella elección no tuvo el resultado que esperaba, se sintió orgullosa de haber corrido un gran riesgo y haberse sumergido de cabeza en lo desconocido. "Al final sentí que me liberaba de haber asociado mi autoestima con grandes compañías".

Pero tan pronto como te sesgas tanto en una cosa, tienes que ver el panorama general, y para Melisa, una intensa concentración en su carrera combinada con el hecho de que vivía en grandes ciudades donde "los hombres no tienen que 'ceder' en forma oportuna, si acaso", convirtió eso en un círculo vicioso demasiado conocido para muchos. "Trabajas durísimo, pero no has conocido todavía a la persona indicada. Aun así, como no has conocido a la persona indicada, trabajas más duro todavía, para llenar ese vacío". Melinda me contó historias de cómo sentía las luchas de las mamás que trabajan, pero al mismo tiempo, ¿por qué nadie le preguntaba nunca acerca de su propio equilibrio? ¿Por qué el equilibrio trabajo-vida era sólo una pregunta para personas con hijos? ¿Por qué de ella se esperaba siempre que trabajara hasta muy tarde, ya que no tenía que volver corriendo a casa para llevar a un hijo a su partido de futbol? ¿La gente no apreciaba que ella también quería salir y tener una vida, para que un día pudiera sentir por igual la culpa de la mamá que corre a casa para ir a un partido de futbol?

Melinda sentía constante ansiedad por el hecho de que su Elige tres fuera decidido no por ella misma, sino por otras personas que habían elegido sus propias prioridades. Lo que complicaba sus sentimientos encontrados de querer elegir a la familia sin saber si ésta estaba entre las cartas para ella. "Quiero tener hijos", dijo. "Pero no quiero hacerlo sola".

Ella toma ahora un descanso de su carrera, por primera vez en la vida. Luego de la extrema intensidad de la campaña y su decepcionante conclusión, sintió que necesitaba tiempo para reflexionar. No mucho tiempo, estoy segura. Los apasionados del trabajo nunca duran mucho fuera de su hábitat en la fuerza laboral. De hecho, para el momento en que leas esto, es probable que ella haya vuelto ya a un entorno de alta presión y trabajo intenso. Pero su año sabático ya ha hecho maravillas por ella. Cuando nos entrevistamos, lucía renovada, vigorizada y relajada. Me contó que por primera vez en su vida el trabajo no estaba en su Elige tres. Se concentraba en los amigos, el sueño y la familia. "Sé que suena raro oír esto de una mujer de mi edad sin hijos, pero una de las cosas de las que más me enorgullezco es de mi relación con mi familia".

También reconoció que su edad ha tenido algo que ver con la posibilidad de tomarse un descanso. Pensaba que todo ese empeñoso trabajo que había realizado en su veintena y treintena, los años de intenso compromiso y horarios muy prolongados le habían dado la credibilidad y reputación necesarias para poder tomarse un poco de tiempo sin ser juzgada. Esto también aumentaba la seguridad en su aptitud para volver a ser una apasionada del trabajo cuando estuviera lista para ello. Me dijo que si hubiera estado en su veintena, no se habría sentido en condiciones de tomar un receso y francamente, dijo, "no lo habría merecido".

Si te identificas con el apasionado del trabajo, ¡fantástico! Es fabuloso que valores tu carrera y la conviertas en un punto focal de tu vida e identidad. Del lado positivo, ¡es probable que estés destinado a la grandeza profesional! Sólo recuerda que siempre que te sesgues sistemática y repetidamente hacia un área de tu vida, sólo te queda un Toma Dos, así que es importante que confirmes que recorres el ciclo trabajo, sueño, familia, fitness y amigos en la forma más equitativa posible. Para los apasionados del trabajo es fácil extenuarse si comen un bocado mayor del que pueden masticar, sobre todo si el trabajo es la carne, las papas, la ensalada y el postre. Si puedes, intenta tomarte al menos un día a la semana en el que no elijas el trabajo en absoluto.

En el extremo opuesto del espectro, está el punto de vista de las personas que llevan una vida increíblemente satisfactoria y significativa sin priorizar nunca el trabajo, personas que se concentran en Elige tres eligiendo qué *no* hacer, que se sesgan hacia el proceso de eliminación y que eliminan el trabajo como categoría por seleccionar.

LLEVA TU JUEGO DE TRABAJO AL SIGUIENTE NIVEL (SIN EXTENUARTE)

Si eres un apasionado del trabajo y quieres llevar tus tareas al siguiente nivel en una forma que no signifique necesariamente pasar más tiempo en la oficina, he aquí algunos consejos excelentes:

SÉ UN LÍDER INTELECTUAL. Si quieres que se te conozca como experto en tu campo, debes crear contenido que ayude a los demás. Por suerte, existen muchas y muy fáciles maneras de poner tu propio blog o de publicar tus artículos en populares redes sociales. Participar en sucesos de actualidad en tu industria, escribir artículos interesantes o compartir tus recomendaciones puede ser una gran manera de pasar de empleado superestrella a experto de buena fe en tu campo, sin tener que invertir mucho tiempo extra. (¡Sé que están muy ocupados, apasionados!) Te aconsejo publicar algo al menos una o dos veces al mes.

APRENDE A SER UN GRAN PRESENTADOR. Puedes ser el mejor empleado del mundo, pero si no sabes cómo presentar tus ideas en una forma efectiva y persuasiva, toparás de pronto con un techo en tu carrera. He visto a demasiados emprendedores excelentes cuyas habilidades de presentación les impidieron recaudar fondos y reclutar a magníficos candidatos. Trabajar con un coach de presentaciones, unirte a un grupo de oratoria o incluso tomar un curso de superación personal puede hacer la diferencia entre conseguir financiamiento para tu nueva empresa, abordar y obtener un nuevo cliente, recibir luz verde para tu idea o conseguir ese gran aumento o ascenso.

APRENDE A DELEGAR. Algo acerca de los apasionados del trabajo: nos encanta hacerlo todo. Pero nunca despegarás en tu carrera si no empiezas a descargarte de pequeñas tareas para que puedas concentrarte en las mayores y estratégicas. Hay varias herramientas en el mercado que te permitirán contratar a un asistente virtual para que te ayude con las tareas básicas, lo que te dejará en libertad de asumir labores más desafiantes. Haz un análisis de costo/beneficio de tareas como hacer el aseo y cocinar. ¿No valdría la pena que le delegaras a otra persona las horas que antes reservabas para esas actividades?

DI "NO". Esto puede parecer un poco contraintuitivo (¿acaso la gente no se impresionará si asumes más trabajo?), pero aprender a qué decir "no" es aún más importante que decir sí. Claro que a ciertas personas es más difícil decirles que "no" (como a tu jefe), pero entre más asciendas en tu carrera, más distracciones se te pondrán enfrente. Muchas personas querrían que dedicaras tiempo a ayudarles con sus metas. No pierdas de vista la meta y concéntrate implacablemente en tus objetivos. Cuanto más hagas por ti, más podrás ayudar a los demás.

CONVIÉRTETE EN UN NINJA DEL CORREO ELECTRÓNICO. Sé que es probable que tengas miles de correos que revisar todos los días, para no hablar de mensajes de texto, artículos y todos los demás mensajes que abarrotan tus dispositivos. Aprende a reducir lo más posible tu comunicación por correo. Si tu horario te lo permite, contesta los correos por tandas, para que abras tu programa sólo un par de veces al día en lugar de permitir un flujo constante de perturbación durante el día entero. Sobra decir que cualquier cosa remotamente emocional o delicada debe tratarse siempre por teléfono, videoconferencia o en persona.

EL ELIMINADOR DEL TRABAJO

Una persona que toma la decisión consciente de NO concentrarse en el trabajo, ya sea por el hecho de que se ha retirado, toma descansos, permanece en casa como cuidadora o podría saber o no en qué quiere sesgarse. Más allá de eso, sabe que el trabajo no lo es todo y que no quiere ser definida por un empleo o carrera.

> *Antes te criticaban menos que ahora. Muchas más mujeres se quedaban en casa. Mis amigas y yo renunciamos a carreras exitosas; nos entregamos por completo a nuestra familia.*
> *Lo siento por las que intentaron hacer ambas cosas; alguien tenía un caso en la corte y si su hijo vomitaba era el caos.*
>
> KAREN ZUCKERBERG,
> PSIQUIATRA Y MADRE DE CUATRO

Hay muchas razones de que las personas se vuelvan eliminadoras del trabajo. Algunas creen estar llamadas a un área ajena al trabajo. Otras se ven en una situación financiera o de vida que les obliga a permanecer en casa como cuidadoras. Otras más han laborado con ahínco durante muchos años y disfrutan ya de los beneficios del retiro. Otras tienen como pareja a un apasionado del trabajo, lo que les da la oportunidad de dirigir su energía al hogar.

Sea cual fuere la razón, a la mayoría de la gente no le gusta escoger el trabajo todos los días de su vida. Y eso es bueno. Pero existe una diferencia entre tomar simplemente un breve descanso profesional y ser un eliminador permanente del trabajo, y yo quería comprender los motivos de que algunas personas se conviertan en esto último.

No hay nadie mejor de quien yo habría podido aprender acerca de tomar la decisión consciente de eliminar el trabajo como una de sus opciones de Elige tres, sea por un periodo o para siempre, que de la madre y ama de casa más increíble e inteligente que conozco: mi mamá, Karen Zuckerberg.

Mi madre iba en camino de convertirse en una médica consumada. Fue la alumna encargada de pronunciar el discurso de graduación de su grupo al terminar la preparatoria y, al verdadero modo de una supermamá, pese a tener ya dos hijos cuando estaba en la facultad de medicina y lidiar con comentarios sexistas a diestra y siniestra en un campo dominado por los hombres, se graduó en todo lo alto. Después de la graduación cursó varios años más de residencia y cada semana pasaba varias noches en el hospital, sólo para dejar todo eso a fin de convertirse en madre de tiempo completo. Después de invertir varios años de tiempo y energía en su educación y formación, se dio cuenta de que no quería elegir el trabajo sino quedarse en casa y concentrarse en sus hijos. Sabía que había personas cercanas a las que no les gustaría esa decisión, o que la presionarían para que terminara lo que había empezado, pero también que ésa era su propia vida y que quería vivir sin lamentar sus decisiones. Laborar hasta tarde en el hospital cuando tenía hijos pequeños en casa le habría procurado demasiados pesares.

Le pregunté por qué. ¿Por qué hizo eso? ¿Por qué invertir tanto tiempo, dinero y esfuerzo sólo para abandonar la carrera diez metros antes de la línea de meta? ¿Alguna vez deseó haber continuado su carrera? Fue interesante sentarme con ella para hablar de estas cosas, porque básicamente le pregunté: "¿Valió la pena que hayas renunciado a tu carrera... por mí?" Nunca había tenido una conversación tan franca con mi madre acerca de sus metas y aspiraciones. Y éstas incluyen los sacrificios que hizo para poder ser una figura materna tan comprometida.

Me contó que antes de que tuviera hijos, no habría podido comprender tampoco su manera de pensar. No tenía idea de en qué consistía ser madre hasta que lo fue. Lo que creyó que era una decisión fácil —*que volvería a trabajar, desde luego*— se convirtió en algo muy penoso y difícil. Descubrió que no soportaba la idea de dejar a sus hijos con alguien a quien en verdad no conocía. Así que a la hora de la verdad, abandonó su carrera para permanecer en casa.

La culpa de las mamás tiene efectos muy nocivos. La culpa nos impide concentrarnos y sentirnos satisfechos con nuestros éxitos, y puede acabar con nuestro impulso en nuestro progreso en Elige tres. Quizá yo no soy quién para decirlo; me castigo con la culpa de las mamás cada vez que hago un viaje de negocios y me pierdo de la rutina de antes de acostarme. El Día de las Madres más reciente me puse una camiseta que decía: LA MEJOR MAMÁ DEL MUNDO, lo cual es cierto. Pero la verdad es que ser un buen padre o madre no necesariamente significa elegir a tu familia como tu prioridad número uno todos los días de tu vida, sino encargarte de estar plenamente presente y comprometido cuando estás con tus seres queridos.

En general, parece que mi mamá es muy feliz con la decisión que tomó. Después de todo, creo que todos salimos bien. Pero fue un poco difícil oírla hablar de que se sentía juzgada en las fiestas, de que la gente hablaba con ella sólo dos segundos, porque cuando se enteraba de que era "sólo una mamá", se retiraba rápidamente para conversar con alguien más "útil". Al parecer, pasó muchos años durante los cuales toda su autoestima dependía de sus hijos y los logros de éstos. Cuando le pregunté si tenía algún rencor, lloró un poco y me contó de la vida que siempre pensó que tendría, con su propio consultorio psiquiátrico, y me dijo: "Por supuesto que lo tengo. Pero si tuviera que volverlo a hacer, no cambiaría nada". ¡Ay, mamá: gracias!

Sin embargo, cuando le pregunté qué le diría a una de sus hijas si le dijera que quería seguir sus pasos y ser un ama de casa como ella, me contestó que le recomendaría pensarlo. Después de una larga pausa, añadió: "Apoyaría su decisión, pero la alentaría firmemente a dedicarse a algo suyo. Algo en lo que pudiera apoyarse de ser necesario. Una pasión o interés que le diera una identidad aparte de la de únicamente tener hijos".

Se apresuró a reconocer que muchas personas encuentran esa profunda pasión y significado en su familia y que dejar de trabajar es para ellas la decisión correcta. "La clave es encontrar lo que te apasiona. Si tienes una pasión en la vida, tendrás una meta que alcanzar con esmero. Esto te da significado." Así que si, como mi madre, tu pasión es velar por tu familia, eso es maravilloso. Me asustó (y me hizo sentir un poco culpable) oír decir también a mi mamá que lo más difícil de ser madre y ama de casa es que tus hijos crezcan, se muden a otra ciudad con tus nietos y nunca llamen ni manden mensajes de texto. (Umm, ¿a quién se referiría?) Con voz un poco ahogada, explicó: "Ser madre es una tarea que si haces bien, te vuelve innecesaria". Difiero de eso: vayas donde vayas en la vida, hagas lo que hagas, tu mamá siempre es necesaria.

"¡Mira nada más los adultos en los que se han convertido mis hijos! Estoy muy orgullosa de cada uno de ellos. ¡Jamás pensé ser tan bendecida!", compartió al final de la entrevista. Todo lo que puedo decir es que, definitivamente, la bendecida soy yo. Sólo espero que mis hijos sientan lo mismo por mí algún día. Aunque no soy eliminadora del trabajo, para el final de nuestra conversación yo tenía una verdadera comprensión y entendimiento de por qué tantas personas toman esa decisión. (Asimismo, a la conclusión de nuestra charla, ¡saqué mi teléfono para demostrarle a mi mamá que estoy en contacto con ella *al menos* cada dos días!)

Pero ¿si fuiste alguna vez eliminador del trabajo y ahora has cambiado de opinión y quieres reincorporarte a la fuerza laboral? Desde luego que hay muchas situaciones en las que eso tiene sentido. Los hijos crecen. Las situaciones financiera y matrimonial cambian. La oportunidad de desempolvar ese viejo grado de maestría es de repente una grata aventura.

De acuerdo con un estudio publicado en la *Harvard Business Review*, treinta y siete por ciento de las mujeres calificadas dejan su empleo por un periodo prolongado. De ellas, sólo cuarenta por ciento encuentra de nuevo un empleo de tiempo completo, veintitrés por ciento encuentra un trabajo de medio tiempo, siete por ciento se autoemplea y treinta por ciento no retorna a la fuerza laboral.[4] Más de tres millones de mujeres con título de licenciatura o superior buscan empleo hoy en día, asegura Jennifer Gefsky, cofundadora y directora general de Après, compañía colocadora y reclutadora de mujeres que se reincorporan a la fuerza laboral.

Hace poco invité a Jennifer a mi programa radial de negocios en SiriusXM, donde dio consejos a madres y padres que alguna vez fueron eliminadores del trabajo y que ahora desean seleccionar de nuevo el trabajo en su Elige tres. "Es bueno aceptar las pausas laborales", les dijo a mis radioescuchas. "No hay que huir de la brecha del currículum. ¡Lo sabemos! ¡Está bien! Sólo nos falta admitirlo."

Si alguien sabe de esto es Jennifer. Dejó un magnífico empleo como viceabogada general (y mujer de más alto rango) en las ligas mayores de béisbol con el fin de quedarse en casa. Para regresar con brío a la fuerza laboral, puso su propia compañía. Asegura que las empresas no conceden suficiente valor a la escuela de la vida. "¡La experiencia que te da la vida es enorme! ¡Yo tengo ahora mucho más que ofrecer que cuando tenía treinta y cinco años!"

Jennifer tuvo excelentes consejos para quienes creen que pueden tomarse un poco de tiempo como eliminadores del trabajo. Por ejemplo, si vas a abandonar la fuerza laboral y crees que existe *al menos una mínima posibilidad* de que desees volver y sesgarte de nuevo hacia el trabajo, es importante que pienses cómo puedes mantener tus habilidades y conservar un pie en la puerta. Pero Jennifer advierte que ciertas habilidades y asociaciones son más valiosas que otras. Me impactó oírla decir: "Si pones en tu currículum que formaste parte de la mesa directiva de la sociedad de padres de familia de la escuela de tus hijos, es muy probable que tu documento vaya a dar directamente a la basura. Pero si escribes: 'Recaudé cien mil dólares para la escuela local', ésa es una habilidad transferible que se considera valiosa en cualquier ramo."

Cuando tuve a mi segundo hijo, decidí dejar de trabajar un tiempo, tres meses enteros que parecían todo un lujo, considerando que hasta entonces mis vacaciones más largas habían sido de tres semanas. Sé que ésta debería ser la norma, créeme, pero ése es un tema para otro libro.

Retirarme voluntariamente de mi empleo por un tiempo prolongado resultó un poco extraño para una adicta al trabajo como yo. Recuérdese además que para entonces ya trabajaba por mi cuenta, así que descansar significó cero clientes, y esto a su vez cero ingresos, justo por lo que Jennifer Gefsky, de Après, pasó cuando dejó las grandes ligas.

Ella dice que cuando tomamos la decisión de abandonar la fuerza laboral, debemos tomarla con los ojos bien abiertos. Tu sueldo en vigor podría no ser suficiente para pagar a una niñera de tiempo completo, de manera que es mejor que te quedes en casa. Pero olvidamos que el salario aumenta con el tiempo, además de beneficios como guardería, plan de retiro, etcétera. Quizá no sientas ninguna diferencia con tu salario hoy, justo en este segundo. Pero Jennifer alerta: "La pérdida exponencial de ingresos tendrá un impacto", el cual podría tardar varios años en materializarse. Así, antes de tomar la decisión de ser un eliminador del trabajo, es importante que comprendas a qué situación te enfrentas.

Antes de mi autoimpuesta licencia de maternidad, había estado en conversaciones con SiriusXM para iniciar mi programa de entrevistas de negocios. Esa empresa me ofreció instalar equipo de grabación en mi casa para que pudiera comenzar durante mi licencia. Después de pensarlo un poco, me di cuenta de que ésa era la manera perfecta de conservar un pie en la puerta mientras me daba tiempo para concentrarme en mi bebé.

Apenas una hora a la semana en la radio me permitió estar al día en las más recientes noticias y tendencias de negocios y mantener relevancia en mi red. Pensar en las pequeñas cosas que puedes hacer para mantener en marcha la conversación y preservar tus contactos te beneficiará mucho en el futuro, sobre todo si quieres poder volver a acceder a esas redes. Quizá no sea factible para todos tener un programa de radio. (Aunque, ¿por qué no? ¡Hay más de un millón de podcasts en la tienda de iTunes!) Jennifer sugiere convertir en prioridad tener al menos una reunión o llamada telefónica de establecimiento de redes en tu agenda cada semana. Y pensar en mantener un pie en el agua mediante el hecho de iniciar un blog, participar en una organización no lucrativa o mantener una cuenta regular profesional en LinkedIn.

Permítanme ahora unas palabras para todos esos hombres increíbles que son eliminadores del trabajo y cuidadores: los consejos acerca de pausas profesionales y cómo reincorporarse a la fuerza laboral se aplican a todos, no nada más a las mujeres. Un informe del Pew Research Center calcula que dos millones de hombres estadunidenses con hijos no trabajan fuera del hogar.[5] De ellos, veintiuno por ciento, o unos 420,000 individuos, aseguran que permanecen en casa para cuidar a su familia. Este porcentaje representa un aumento de cuatro veces desde 1989, cuando sólo cinco por ciento de los hombres decían ser cuidadores de tiempo completo y que ésta era la razón de que no laboraran fuera del hogar. Es un hecho que los hombres no están ausentes de la ecuación padres y madres amas de casa, ¡y saludamos sus esfuerzos!

Si te identificas como eliminador del trabajo, sea en forma temporal como Jennifer o permanente como mi madre, me quito el sombrero. Las personas a tu alrededor son afortunadas de tenerte. Lo fantástico de eliminar el trabajo es que tus relaciones se benefician por lo general en forma muy abundante (mi madre es una de mis mejores amigas), lo que resulta en un valor duradero e inapreciable.

Valga advertir a los eliminadores —en especial después de mis conversaciones con mi madre y Jennifer— que deben cerciorarse de que su identidad y autoestima no estén *demasiado* atadas a otras personas. No podemos controlar lo que los demás hacen o lo apreciativos que son, por más amor, tiempo y energía que invirtamos en ellos. Tanto Jennifer como mi mamá se hicieron eco del sentir de que para los eliminadores del trabajo es crucial tener proyectos personales o pasatiempos y tratar de meter al menos el meñique en el agua con contactos profesionales si creen que existe la mínima posibilidad de que quieran volver a sesgarse hacia el trabajo en el futuro. Como lo dijo Jennifer: "Conoce el precio que pagarás por lo que haces. Mantén un pie en la puerta. Haz algo una vez a la semana para seguir en marcha."

Mi mamá, neoyorquina hasta la médula, lo dijo un poco más bruscamente: "Si no tienes algo propio, no les interesarás a los demás y no querrán relacionarte contigo". Y si decides regresar a la fuerza de trabajo, no lo aplaces; comienza. Cosas buenas suceden cuando sales a la calle.

MANTENER ABIERTA LA PUERTA

Muchas personas se toman un descanso profesional. A veces es una pausa breve, otras prolongada. Si crees que existe la mínima posibilidad de que quieras volver a trabajar algún día, he aquí algunas maneras de mantener un pie en la puerta para que sea mucho más fácil priorizar tu carrera si decides hacerlo.

LEE. MUCHO. Mantente informado de sucesos de actualidad y tendencias de tu industria para que puedas sostener una conversación inteligente con personas que podrían resultar contactos valiosos. Si las cosas que lees y aprendes te hacen sentir inclinado a ello, juega con la idea de escribir un ocasional artículo de blog o de iniciar tu propio podcast sobre un tema de tu interés y experiencia.

CONSERVA TUS RELACIONES. No pierdas contacto con tus antiguos empleadores y colegas, quienes podrían servirte como referencias o presentarte a otras personas algún día. Permanece al menos ligeramente en contacto con tu red profesional en las redes sociales, envía tarjetas de felicitación y toma el teléfono por lo menos una o dos veces al año para saludar.

ACEPTA UN EMPLEO COMO VOLUNTARIO. Pero hazlo en forma estratégica. Dependiendo de la industria con la que quieras permanecer en contacto, ciertas actividades voluntarias serán vistas como más transferibles y aplicables que otras.

MANTENTE AL DÍA EN TECNOLOGÍA. ¿La tecnología de tu industria ha cambiado? Ponte al día en esos cambios, aun si eso significa tomar un curso ocasional o conseguir un tutor. Entre más te actualices, menos abrumador será tratar de reanudar una carrera donde todos los utensilios del oficio han cambiado por completo.

> **VUELVE A HACER UNA PASANTÍA.** No les temas a puestos no remunerados, temporales o de medio tiempo. ¿Tienes hijos que salen a campamentos de verano? ¿Dispones de tiempo extra en las mañanas? ¿Podrías trabajar unas horas en casa? Algunas compañías tienen programas formales para "pasantes reincidentes" de vuelta de una pausa profesional.

EL RENOVADOR DEL TRABAJO

Alguien que topa con un obstáculo que lo obliga a rehacer y redirigir sus planes profesionales.

El fracaso puede ser una bendición. Ni siquiera me doy cuenta de en qué momento hago cosas aparentemente valientes. Perder la elección fue un don. No me morí y vivo con honestidad. Esto no significa que no haya consecuencias, pero no siento duplicidad.

RESHMA SAUJANI, FUNDADORA DE GIRLS WHO CODE

Puede ser difícil reinventarte en tu carrera. A veces, hagas lo que hagas y por más que te esfuerces, sencillamente topas con pared. Después de que salí de Facebook, tuve momentos de gran inseguridad en los que me preocupaba que nadie se interesara en mí si ya no estaba asociada con una de las más populares compañías globales del mundo. ¿Alguna vez sería algo más que la hermana de alguien?

Hace unas semanas, hablé en CNBC del lanzamiento de un nuevo y emocionante proyecto mío, algo que no tenía absolutamente nada que ver con Facebook. Sin embargo, el conductor me presentó así: "La hermana de Mark Zuckerberg está aquí en el estudio con nosotros el día de hoy". Yo repliqué: "Lo siento, pero legalmente aún no he cambiado mi nombre por el de 'hermana de Mark Zuckerberg', así que por favor nada más llámeme Randi". Han pasado varios años desde que me dedico a otra cosa y he tenido éxitos propios, pero ahora tengo de verdad la seguridad necesaria para aceptar mi reinvención personal.

La mayoría de nosotros nos encontramos en alguna parte del proceso de reinventarnos. Quizá por eso tú lees este libro: para aprender a reestructurar mejor tu carrera, reconceptualizar tu vida, cambiar de velocidad. El mundo cambia tan rápido que personas que dedicaron su carrera entera a una compañía ahora se ven de pronto sin empleo cuando ella declina. Personas que optaron por los que normalmente serían empleos permanentes y "seguros" descubren ahora que ningún puesto es verdaderamente seguro en la era de la tecnología. El mundo está lleno de personas motivadas y ambiciosas que han sido obligadas a convertirse en renovadoras del trabajo.

Piensa en el caso de Reshma Saujani, fundadora de Girls Who Code. Conocí a Reshma en 2010, cuando ella contendía por un escaño en el Congreso. De hecho, ¡la suya fue la primera campaña política a la que hice un donativo! Aunque no ganó esa elección —ni su contienda siguiente por la abogacía pública de Nueva York—, su pasión por el liderazgo comunitario y el cambio prevaleció y me enorgulleció haber apoyado a una mujer joven que perseguía una plataforma tan ambiciosa.

Habría sido fácil renunciar después de haber perdido dos elecciones en tan corto periodo. Digo, una persona común y corriente puede chocar con una pared de ladrillos y enfrentar el rechazo público sólo un determinado número de veces antes de darse por vencida, pero por fortuna Reshma no es una persona común y corriente. Se aferró a la decisión de regresar vía el servicio público y fue capaz de reinventarse en uno de los giros más espectaculares que yo he visto: como fundadora de Girls Who Code, organización no lucrativa que enseña programación a jóvenes mujeres para incrementar el número de mujeres que trabajan en las ciencias de la computación. Una verdadera renovadora del trabajo en todos los sentidos.

Reshma hizo un cambio radical en su carrera después de su derrota en dos ocasiones. Dice en broma que eso no fue en realidad una opción. Cuando hablé con ella, me dijo que cada vez que perdía una campaña, Girls Who Code se volvía más grande, y que creció con cada revés. Aunque su misión fue siempre lanzar GWC, su plan inicial era que alguien dirigiera la organización mientras ella dedicaba su carrera al servicio público. "Pero supongo que ése no fue nunca el plan de Dios, o de quien sea", admitió. "Cuando perdí la contienda por la abogacía pública y se me impidió llevar las ciencias de la computación a todas las aulas, dije: '¡Al diablo! Voy a hacer esto a mi modo y a crear este enorme movimiento'". En una situación en la que muchos habrían retrocedido, Reshma llegó todavía más alto, usando la pena de sus fracasos para crear algo mayor de lo que cualquiera habría esperado.

Años después, dice que por fin puede admitir que perder la elección fue un don. Aunque, desde luego, eso la desilusionó y tuvo que aceptar el hecho de que quizá nunca tendría la vida en la política con la que siempre había soñado, sintió que a fin de cuentas podía mantener la frente en alto porque lo había intentado. Lo persiguió. La mayoría de la gente habría sido demasiado medrosa para subir siquiera al ring.

Cada semana platico con muchas personas exitosas en mi programa en SiriusXM, y la mayoría de esos emprendedores han enfrentado el fracaso, el rechazo y la decepción. Es la manera en la que reaccionas al fracaso, la forma en la que tu renovador del trabajo interno reacomoda las piezas, lo que en realidad te define en ese momento. Las experiencias de Reshma le ayudaron a redefinir lo que el éxito significa para ella, y ese éxito significa ahora dirigir una organización increíble que crea para las mujeres oportunidades que antes no estaban a su disposición.

En fecha reciente Reshma fue madre, lo que añadió una lista entera de satisfacciones... y desafíos. Ambas bromeamos acerca de la culpa de mamás que sentimos cuando hacemos viajes de negocios. Ella citó a Arianna Huffington, quien dijo: "Sacamos al bebé y metemos la culpa". Me contó una historia sobre la ocasión en que decidió llevar a su hijo a un evento en el que ella dictaría una conferencia; la nana había tenido una emergencia y no podría cuidar el niño ese día. "Cuando estaba a punto de subir al estrado para dirigirme a todos los gobernadores del país, mi hijo tuvo un ataque", me dijo, describiendo una situación que haría que muchos padres se encogieran de comprensión. ¡Los niños siempre son de lo más oportunos! "Mi equipo se me quedó viendo como si me preguntara: '¿Y ahora qué?' Y por supuesto yo pensé: '¿Por qué me hago esto? Pude haberlo dejado en casa'. Me siento más feliz cuando estoy con él, pero eso suele crear más caos."

Bromas aparte, agradecí mucho que Reshma compartiera conmigo su sabiduría sobre cómo se pregunta constantemente en qué forma puede mejorar y cómo se obliga sin cesar a salir de su zona de confort y llegar al límite de su capacidad. Ha descubierto que, conforme madura, es raro que haga cosas que le agradan, y que esos momentos en los que pone a prueba sus límites son los que realmente hacen que se sienta viva.

CUÁNDO ROMPER CON UN CLIENTE

A veces, si trabajas por tu cuenta o eres freelancer, ser un renovador del trabajo significa saber cuándo tienes que dejar a un cliente difícil. Podría parecer un problema del primer mundo tener que rechazar un negocio, pero el tiempo y el talento son cosas que nunca debes permitir que alguien te arrebate.

Yo volaba a Nueva Delhi hace unos años para una conferencia de tecnología. Volaba al otro lado del mundo para pronunciar un discurso de treinta minutos sobre el futuro de las redes sociales y su importancia para Digital India, iniciativa para promover la infraestructura tecnológica entre todos los ciudadanos indios para 2019. La conferencia parecía emocionante y coincidía por completo con mis intereses. Estaba orgullosa de que se me hubiera pedido formar parte de un panel que incluía al director de Google India, quien lograba ya grandes avances digitales en ese país.

Pero una vez que llegué a la India, las cosas resultaron completamente distintas. La India sigue siendo un país dominado por los hombres, y algunas indias me dijeron que tenían "muchísimos techos de cristal que romper ahí". Mi discurso fue recortado de treinta a seis minutos, porque el señor que habló antes que yo excedió su tiempo. Durante nuestro panel de Digital India, yo fui la única mujer presente y se me hizo sólo UNA pregunta: ¿cómo equilibraba tener hijos y trabajar? (¡imagínate!), interrogante que me hizo entornar los ojos y que no se le habría hecho a ninguno de los demás panelistas, todos ellos hombres. Sí, me pagaron ese viaje, pero ¿me dio gusto ganar ese dinero? NO. Me sentí subutilizada y humillada.

> **MORALEJA DE ESTA HISTORIA:** si trabajas por tu cuenta, válete por ti mismo. Establece tus tarifas. Encuentra la cifra que puedes decir sin reírte... y añade un poco más. (¡Ya las vi, señoras!) Entre más reglas básicas establezcas y más te apegues a ellas, más valorarán tu tiempo los demás. Y si un cliente no funciona, a veces renovarse quiere decir hacer un poco de limpieza de primavera.

¿No todos podemos identificarnos con el renovador del trabajo? Tenemos sueños de lo que queremos ser cuando crezcamos, de qué haremos... y entonces la vida sucede. Cuando lees acerca de grandes emprendedores, sueles oír el concepto de "giro radical", o ser capaz de reaccionar rápido a cambios en el mercado con el fin de poner tu empresa en el carril indicado, aun si eso significa modificar tus planes originales y hacer algo completamente distinto. Bueno, también los seres humanos cambiamos de esa manera. Muy pocos hacemos hoy lo que creímos que haríamos cuando éramos niños. (¡Yo pensaba que iba a ser sirena!) Todos topamos con dificultades y obstáculos.

Los renovadores del trabajo como Reshma son resistentes, audaces, saben cómo elegir las piezas de su vida profesional que funcionarán... y cómo alejarse de lo que no funciona. Muchas personas se estancan. Es difícil aventurarse a lo incómodo, lo desconocido, pero los renovadores son hábiles. Si Reshma no hubiera experimentado esas derrotas, no habría sido capaz de superarlas y alcanzar el éxito que dio lugar a un gran cambio tanto para su carrera como para el mundo.

EL ARTE DEL CAMBIO RADICAL

No existe un momento perfecto para hacer un gran cambio profesional. A veces esto es por decisión, otras una alteración inesperada en nuestros planes de empleo. Pero si despiertas y te percatas de que tu carrera sigue el carril equivocado, ¡haz algo al respecto sin falta alguna! No estás solo. La mayoría de nosotros, en un momento u otro, hacemos un cambio profesional, de puesto, decidimos trabajar por nuestra cuenta o ponemos un negocio propio.

BUSCA EL CONSEJO DE LOS DEMÁS, PERO LO MÁS IMPORTANTE ES LO QUE TÚ PIENSAS. Muchas personas te indicarán las numerosas cosas que podrían marchar mal. Por lo general, algunas de ellas tienen aversión al riesgo porque te quieren (y el cambio es alarmante), aunque también porque te envidian, ya que es probable que quisieran poder hacer un gran cambio ellas mismas. Si tu corazón te dice que es momento de un cambio profesional, no permitas que los temores de otros te disuadan.

EVALÚA TU SERIE DE HABILIDADES Y LO QUE TE GUSTA HACER. Cabe la posibilidad de que una vez que identifiques lo que te gusta hacer y aquello para lo que eres bueno, encuentres varias industrias que utilizan esas habilidades. Relaciónate con otros en esas industrias y asiste a reuniones locales para saber qué aptitudes tienes que desarrollar más.

ACTUALIZA TUS PERFILES. Cerciórate de que todas tus cuentas en internet o redes sociales que otros puedan encontrar vía Google sean frecuentemente actualizadas y refieran tus proyectos y series de habilidades. ¡Que hayas comenzado mentalmente el proceso de cambio no significa que los demás lo sepan!

EL MOMENTO OPORTUNO ES LA CLAVE. Si darás a conocer públicamente tu cambio, prepárate para complementar eso. Si la gente te envía pistas de nuevos empleos, clientes u oportunidades y no reaccionas, nadie querrá volver a ayudarte. Ten un claro plan de acción para que puedas reaccionar a las pistas que recibas.

HAZLO. Francamente, en ocasiones, lo mejor que puedes hacer por tu vida, por tu alma, es realizar grandes cambios y ser consecuente con ellos. No lo aplaces. Si sabes que quieres hacer algo, tu corazón y tu mente ya están convencidos de ello, así que lo único que falta es que des el salto. Lo peor que puede ocurrir es que eso no funcione y tengas que buscar otro trabajo. Nunca ha habido un mejor momento para correr riesgos. ¡Me emociona que lo hagas!

EL SUPERHÉROE DEL TRABAJO

Una persona que se vuelve sesgada al trabajo en apoyo a alguien que ama: su cónyuge, un buen amigo, la empresa familiar, etcétera. No se necesitan capas.

> *Con el paso de los años, hay algo en nuestra química que es anormal, en el sentido de que estamos juntos absolutamente todo el tiempo. Muchas parejas se separan durante el día; nosotros no nos alejamos nunca uno de otro. No sé si eso es bueno o malo, pero a nosotros nos funciona.*
>
> **BRAD TAKEI**, REPRESENTANTE Y ESPOSO DE GEORGE TAKEI

En ocasiones no nos desequilibramos a causa de nosotros mismos, sino de las personas que queremos. Mi esposo es alguien que encarna eso. Cuando recibí esa llamada telefónica para cantar en Broadway, él se convirtió de súbito en un padre soltero en California y apoyó en todo momento mi decisión.

Para mi última función, voló a Nueva York para ver el espectáculo otra vez (por *sexta* ocasión, creo). Después de la función, me ayudó a empacar para volver a casa. Aunque yo estaba arrobada por el hecho de regresar con mi familia, lloré durante todo el trayecto en taxi al aeropuerto, lloré a rabiar. El taxista tuvo que subir el volumen del radio debido a mis sollozos. Hasta la fecha no puedo oír "All of Me", de John Legend, sin llorar.

Para el momento en que el avión tocó tierra, mi esposo me propuso considerar la idea de que volviéramos a Nueva York en forma permanente. Aunque no sabía si él tendría las mismas opciones profesionales que en Silicon Valley, me dijo que mi ánimo había mejorado. "Te encanta el teatro", afirmó. "¿Cómo puede alguien como tú ser feliz viviendo en los suburbios de California? Encontraré una gran compañía donde trabajar. Buscaremos una magnífica escuela para los niños. Hagámoslo". Y lo hicimos.

(Para contextualizar lo súper afortunada que soy, éste es el mismo hombre que rechazó el empleo de sus sueños en California para quedarse conmigo cuando yo vivía en Nueva York después de la universidad. Meses después de esa oferta de empleo, decidí mudarme a California para trabajar con mi hermano en "The Facebook". Luego de un año de larga distancia, mi esposo se mudó a California para sumárseme. ¡Por algo me casé con él!)

En el verano de 2015 nos mudamos a Nueva York y nunca miramos atrás. (Bueno, está bien, tal vez en ocasiones durante el helado febrero hemos cuestionado nuestra decisión.) Ahora soy una votante en los Tony Awards y los Chita Rivera

Awards. Me veo felizmente obligada a ver sesenta espectáculos al año. Mi esposo, quien no podía mencionar siquiera tres musicales cuando empezamos a salir y podía contar con un solo dedo el número total de obras de teatro que había visto, pasa ahora casi todos sus fines de semana viendo esos espectáculos conmigo. Ahora podría mencionar todos los espectáculos de Broadway que se han estrenado en los últimos cinco años y su conocimiento de las canciones rivalizaría con el de Kristin Chenoweth.

Estos rasgos de mi esposo personifican al superhéroe del trabajo: alguien sesgado hacia el trabajo para apoyar las pasiones profesionales de la persona a la que ama profundamente. Aparte de mi esposo, no hay nadie que encarne este papel con más elegancia, pasión y entusiasmo que Brad Takei.

La mayoría conoce al famoso esposo de Brad, George Takei, y su innovador papel como el señor Hikaru Sulu, el timonel del USS *Enterprise* en *Viaje a las estrellas*. Brad y George tienen nueve años de casados y treinta de estar juntos. Brad ha soportado los altibajos de una carrera hollywoodense, le ha ofrecido aliento y orientación y, en muchos sentidos, ha modificado su propia identidad para apoyar la de su esposo.

George y Brad se conocieron a principios de los años ochenta, cuando Brad era un periodista de tiempo completo. Cuando conoció a George, era un corredor recreativo, algo que también le apasionaba a George. Se conocieron a través de LA Frontrunners, un club social de carreras de gays y lesbianas. Corrieron alrededor de la reserva de Silver Lake y el resto es historia. Mantuvieron en secreto su relación durante dieciocho años. En 2008 se casaron legalmente, después de haber sido compañeros domésticos durante dos décadas.

Brad no trabajó siempre como representante de George. Valoraba su carrera como periodista y gustaba de su empleo.

Pero poco a poco, su relación comenzó a pasar de ser compañeros de vida a compañeros de trabajo también. Se dio cuenta del cuidado que ponía en los detalles en contraste con George, quien se perdía en elevados conceptos artísticos e intelectuales. "Siempre ha tenido esas grandes ideas, pero ¿hará a tiempo ese vuelo? Como periodista, me interesan mucho los detalles y soy muy bueno para hacer cuentas. Hicimos una buena mancuerna. Así que desde los años noventa hemos sido el Equipo Takei, en los altibajos de la vida y el trabajo".

George es diecisiete años mayor que Brad y ha actuado como su mentor, mientras que George ve a Brad como su confiable Peñón de Gibraltar. "Cada mañana le llevo a George una taza de té verde caliente, y la edición impresa del *New York Times,* si la consigo. Terminamos nuestro día, aun si tuvimos dificultades y conflictos, con un beso antes de acostarnos."

George es la marca del Equipo Takei, así que cuando ambos asisten a convenciones de ciencia ficción, George, uno de los cuatro actores originales de *Viaje a las estrellas* aún vivos, suele ser el centro de atracción. "Hace un par de décadas yo estaba en las sombras, pero George se ha empeñado en compartir su vida con la gente. Como siempre estamos juntos, me incluye en todo. Ahora la gente quiere mi foto también. Soy de personalidad tan introvertida que me parece muy bien que George sea el centro de atención. Siempre me he sentido bendecido, nunca he sentido envidia".

Brad y George tienen una magnífica relación de trabajo porque cuentan con una fuerte relación personal. Brad siente que el hecho de que estén juntos todo el tiempo ha salvado su relación, porque pueden abordarlo todo en tiempo real, así que siempre están al control de las cosas. "La verdad es que tuvimos que tomar decisiones todo el tiempo para llegar adonde estamos ahora. El sucio secreto de nuestra vida personal y profesional, la razón de que todo funcione tan bien, es que los dos somos adictos al trabajo". (Lo corregí: ¡son apasionados del trabajo!)

George ya era un nombre famoso cuando conoció a Brad. En 1965, el creador de *Viaje a las estrellas*, Gene Roddenberry, eligió a George como Hikaru Sulu, lo que de pronto le brindó a George un megáfono que millones de personas escuchaban. Quiso usar ese megáfono para algo significativo, así que comenzó a contar la historia de los campos de internamiento de los japoneses-estadunidenses en los que creció en Estados Unidos. Cuando tiempo después conoció a Brad, éste comprendió que apoyar a George significaba apoyar sus pasiones, así que como parte del #TeamTakei promovió la decisión de su esposo de servirse de su celebridad para hablar contra la desigualdad y los poco conocidos horrores de la historia estadunidense. "Si no usas la plataforma que recibes, no ayudas. Verse obligado a la posición de hacer lo correcto puede ser a veces tanto desafiante como gratificante."

A Brad le encanta ser el intermediario entre George y Hollywood y el mundo exterior. Le proporciona a George todo, desde Kleenex hasta vitaminas y té verde. "Pienso que nunca hemos necesitado un asesor matrimonial ni terapia porque soy capaz de olvidar las nimiedades. George es un artista, así que permito que tenga su espacio. La madurez ayuda mucho. Comprometí mi vida con George en mi treintena. Cuando llegó el momento de que George se estableciera en su cuarentena, ése fue también un compromiso. En realidad no comprendo el divorcio. Soy hijo de divorciados. Y no puedo imaginar siquiera que yo me separe de George. Me comprometí con esta persona. No se trata de mí; se trata de nosotros."

Lo triste de la historia de George y Brad es que cuando unieron sus vidas, la gente LGBT en Estados Unidos enfrentaba más obstáculos que ahora. George estaba por cumplir cincuenta años, y Brad tenía poco más de treinta, y sabían que nunca tendrían hijos. "Éramos gays de clóset, así que eso habría sido injusto para los chicos... Si nos conocieras bien, sabrías que habríamos sido unos padres excelentes. Tratamos con jóvenes a quienes colmamos de afecto. A George le encantan los niños y habría sido un gran padre. Ahora ya no tenemos la energía para ello, a los ochenta y sesenta y tres años de edad."

Si te identificas con Brad o con mi esposo y sientes que has cambiado tu curso o modificado tu carrera para adecuarte a alguien en tu vida, ¡eres sin duda un superhéroe! Es formidable poder darte tan libremente y aplicar tus habilidades profesionales en beneficio de alguien a quien tanto amas. De hecho, me dan ganas de ir a darle un fuerte abrazo a mi esposo justo ahora, porque es imposible lograr nada en la vida sin un sólido sistema de apoyo; si tú eres un superhéroe, ¡entonces ese sistema eres tú!

Este libro trata de Elige tres y prácticamente acabas de batirme en mi propio juego, porque ya lograste una importante artimaña eligiendo dos cosas a la vez, ¡así que felicidades!

Dicho esto, también es importante que tu identidad independiente siga siendo fuerte y que mantengas al menos uno o dos intereses exclusivamente tuyos, sea una rutina de fitness, un género musical o un libro. Es muy fácil permitir que tu identidad sea devorada por alguien que amas y apoyas, en especial cuando tus decisiones profesionales remiten por completo a la persona que quieres. (Esto no significa que yo sepa algo acerca de involucrarse en una empresa familiar y empezar a perder tu identidad, ¿o sí?)

Brad Takei admitió la forma secreta en la que consigue un poco de tiempo para sí: ¡los *reality shows* de la televisión! "Descargo *realities* en mi iPhone —*Housewives*, *Survivor*— en

la noche mientras [George] lee novelas japonesas que le ayudan intelectualmente. No le interesan los *realities*... También
le gusta ir a ver obras de Shakespeare. Para mí es como ver
pintura secarse."

Me llevó varios años después de Facebook sentir que había recuperado el camino a mi identidad. Es de esperar que
tú mantengas algunos intereses y actividades propios, aun si
hallas un significado increíble en ayudar a otro a cumplir sus
sueños profesionales.

EL ARTE DE LA ACTIVIDAD COMPLEMENTARIA

Actor/cantante o escritor/director: antes eran sólo los artistas
quienes podían añadir la diagonal en su currículum. Pero hoy
en día es más común que la gente pague sus cuentas con
su empleo de nueve a cinco y cumpla sus sueños de cinco
a nueve. Esto se llama actividad complementaria y puede
volverse tan lucrativa como para que dejes tu empleo de día y
sigas tu pasión.

Piensa en Daymond John, de *Shark Tank*, quien trabajó
en Red Lobster durante cuatro años mientras trataba de
consolidar su marca de ropa FUBU, que en la actualidad
vale millones de dólares. O en el actor/médico Ken Jeong,
de la franquicia *Hangover*. Jeong era médico y actor en su
tiempo libre cuando consiguió un papel en *Knocked Up*, de
Judd Apatow, y su carrera despegó a partir de entonces. La
actividad complementaria no es tan simple como ignorar tu
trabajo de día y poner todas tus esperanzas en un proyecto.
Pregúntale a Hulk Hogan, cuyo restaurante Pastamania duró
menos de un año en operación.

Tina Yip es la cocreadora de 5to9, un podcast para
quienes quieren allanar el camino que conduce a sus sueños,

al mismo tiempo que cumplen un horario regular de nueve a cinco.

"Tener una actividad complementaria es una excelente manera de explorar tus pasiones. Es un lienzo en blanco que es cien por ciento tú. Nadie te juzgará, ¡y puedes hacer lo que quieras con él! Por más que te guste tu trabajo, haces realidad el sueño de otro. Con tu proyecto complementario, haces realidad tus propios sueños a un costo mínimo. Ahí es donde puedes ser cien por ciento tú... La dura realidad es que debido a las necesidades de sobrevivencia y económicas, nos vemos obligados a seguir trayectorias profesionales y oportunidades que valoran ganar dinero más que hacer lo que nos gusta. Para acercar nuestra carrera a nuestras pasiones, debemos ser creativos y buscar formas de integrar ambas cosas".

CUATRO MODOS DE CREAR TU ACTIVIDAD COMPLEMENTARIA:

1. IDENTIFICA EL PROPÓSITO Y PREGÚNTATE POR QUÉ: Cada vez que tengas la idea de un proyecto, pregúntate por qué quieres hacerlo y cómo contribuye al gran propósito de ayudarte a ser quien quieres ser. Muchos proyectos complementarios pierden vigor porque la gente sigue simplemente su primer instinto y pronto se da cuenta de que en realidad no quería trabajar en eso. Si el propósito del tiempo que dedicas a tu actividad complementaria es experimentar con la mayor cantidad de cosas posible que tocan una cuerda sensible en ti, ¡persigue eso!

2. HAZTE RESPONSABLE DE UN PROYECTO DE TREINTA O CIEN DÍAS: Ésta es una excelente forma de estructurar tus actividades complementarias y hacerte responsable de ellas.

---

3. COMPROMÉTETE FIJANDO REUNIONES Y PRESUPUESTOS DE TU ACTIVIDAD COMPLEMENTARIA: Trata al tiempo que dedicas a tu actividad complementaria como una cita seria. Si eres capaz de hacer una cita para tu manicure y pedicure y presentarte a ella, puedes reservar tiempo para tu actividad complementaria.

4. INFORMA A TODA LA GENTE QUE PUEDAS: Porque nunca sabes cuántas personas están dispuestas a ayudar.

EL MONETIZADOR DEL TRABAJO

Alguien que crea un negocio alrededor del hecho de que otras personas quieren elegir el trabajo en su Elige tres. Ayuda a otros a sesgarse hacia el trabajo, ¡y a ganar dinero entre tanto!

> Lo único que lamento es no haberme hecho emprendedora antes; podría haber dejado el mundo corporativo con mucha anticipación. Ojalá lo hubiera hecho, pero entonces no tenía esa mentalidad. Si tú la tienes, persíguela.
>
> LEAH BUSQUE, FUNDADORA DE TASKRABBIT

Algunas personas dedican su carrera a ser un hada madrina y ayudar a los demás que quieren trabajar. Trátese de un reclutador, un asesor profesional, un coach, mentor o ángel inversionista, yo sabía que quería hablar con alguien que, cuando eligiera el trabajo en su Elige tres, optara de veras por ayudar a otros en su propia elección del trabajo.

Leah Busque es una de esas personas. Es fundadora de TaskRabbit, organización que ayuda a sus usuarios a contratar *freelancers* locales para realizar tareas sencillas como limpieza, servicios de mudanza y reparto y labores de mandadero. Su compañía fue recientemente adquirida por IKEA Group, compañía famosa por su mobiliario particularmente difícil de armar. Con el fin de ayudar a la gente que tiene tiempo libre y *quiere* usar ese tiempo para trabajar, Leah creó TaskRabbit, con el propósito de asistir a quienes desean concentrarse en su carrera para encontrar maneras de delegar las tareas más menudas de la vida.

Creó esa compañía cuando se dio cuenta de que no existía nada que le ayudara a resolver sus propias necesidades. Leah y su esposo estaban por reunirse a cenar con amigos llegados de otras ciudades, pero no tenían comida para perros. Ella sabía que debía haber alguien en su vecindario a quien pudiera contratar para que consiguiera una lata de Alpo y, como ingeniera, vio un vacío en el mercado. ¿Dónde estaba la app móvil que combinaba la identificación del lugar con la realización de tareas? Fue así como se le prendió el foco y supo que estaba llamada a crear un servicio que congregara a la gente en torno a la ayuda en la realización de tareas, lo cual brindaría una verdadera oportunidad a las personas en ambos lados de la oferta y la demanda. Ejecutó y financió la idea durante un año con su propio bolsillo y después dejó su empleo en IBM.

Leah lanzó originalmente TaskRabbit como una organización de mamás porque, francamente, ¿quién necesita más ayuda que las mamás para delegar tareas? Las mamás usaban a los empleados de TaskRabbit para delegar viajes a Target y supermercados, recoger la ropa en la tintorería y muchas cosas más. Dado que la red de mamás es tan fuerte, la voz corrió como reguero de pólvora. TaskRabbit se expandió pronto más allá de los pocos vecindarios iniciales en los que Leah la lanzó y de pronto se vio reclutando empleados que atendieran a diferentes colonias en todo el país. Leah creó no sólo una gran plataforma tecnológica, sino también un mercado completamente nuevo.

Tanto la oferta como la demanda eran fuertes. Del lado de la oferta, durante la severa crisis económica de 2008 no escaseaban las personas dispuestas a ganar dinero con base en un horario flexible. Incluso los retirados que querían permanecer activos hallaron lugar en TaskRabbit y los profesionistas podían trabajar de noche y los fines de semana para obtener dinero extra.

Del lado de la demanda, las mamás, los profesionistas muy ocupados y quienes estaban atados a su lecho, usaban TaskRabbit por igual, para aligerar la carga de sus necesidades cotidianas. Una historia particular que sobresale para Leah procede de una mamá en San Francisco que tenía un hijo de veinte años en Boston, sometido a un tratamiento de cáncer en el hospital Mass General.

TOMA DOS PARA CREAR UNO

El doctor Ted Eytan es el director médico del Kaiser Permanent Center for Total Health y decidido promotor de las "reuniones caminando". Es un especialista en medicina familiar con especial concentración en la salud total y la diversidad.

En 2008, Ted publicó un ensayo titulado "The Art of the Walking Meeting" en su sitio web.[6] Dice: "Mientras hojeaba el excelente número de diciembre de 2007 de *Health Power Prevention News*, tropecé con una reseña de análisis sistemático del impacto de usar podómetros para incrementar la actividad física y mejorar la salud... Esto me indujo a pensar creativamente en cómo dar pasos a ese respecto, y se me ocurrió entonces la idea de combinar el trabajo con el acto de caminar. Caí atrapado de inmediato. Ésta es una de las innovaciones más contagiosas que he experimentado nunca. Tan es así que incluso hasta la fecha todas las personas a las que recibo en una primera reunión caminando se comprometen a volver a hacerlo. ¿Qué ser humano preferiría sentarse en una sala y mirar a otro durante media hora en lugar de caminar en su comunidad?

"[He experimentado más] claridad mental y estimulación cerebral gracias a este tipo de ejercicio. ¡Es imposible que revises tu correo electrónico y te desconectes mientras caminas! ¡Y hay pruebas científicas!"

"Igualmente, descubrí que había experimentado el equivalente a dos o tres rutinas de ejercicio de gimnasio como resultado de un día de reuniones caminando. De repente las anhelaba e incluso comencé a buscar razones para reunirme con personas, así fuera sólo para cumplir mis metas de fitness. Hasta la fecha, voy y vengo de mi trabajo en Washington, D.C., caminando de tres a cinco kilómetros en cada dirección (sigo una ruta diferente cada día), ¡y en realidad tuiteo en cada una!"

¿El consejo de Ted sobre cómo empezar en tu labor tu propia tendencia de reuniones caminando? "No supongas nada. Pregúntale a la gente primero y usa su curiosidad como una oportunidad para aprender. El problema de las reuniones donde hay que estar sentados en una sala, es que no es necesario que tengas curiosidad sobre la otra persona, porque ésa es la interacción por defecto, y la de menor común denominador. Al caminar, vas a algún lugar con alguien y eso requiere saber un poco de esa persona: ¿está en condiciones físicas de hacerlo? ¿Quiere hacerlo? ¿Qué tipos de paseos le gustan: en la naturaleza o en la ciudad? ¿Qué recuerdos les evoca esto si ya ha estado antes en cierto lugar? ¿Cómo reaccionará a lo que vea en la calle?

"Cuento la historia de una ejecutiva a la que le pedí en una ocasión que hiciera conmigo una reunión caminando. Cuando llegué a su oficina, me dijo: 'Hoy traje tenis al trabajo para mi paseo con usted', y para mí ésa fue la mejor muestra de respeto y apoyo. Nunca lo olvidaré. (Dediqué la media hora siguiente a tratar de seguirle el paso; eso tampoco lo olvidaré jamás.) Supongo, entonces, que ése es un metabeneficio: las relaciones y momentos especiales que he creado con personas inesperadas y maravillosas."

"Ella no podía volar para ir a visitarlo tan seguido como quería, así que acudió a nuestro sitio, contrató a alguien que lo visitara todos los días, se sentara a su lado, le llevara de comer y le llamara a ella a diario para informarle cómo estaba. Esta empleada era otra mamá, y con el tiempo ambas mujeres formaron un vínculo increíble." A Leah le honra que su compañía ayude a las personas a redefinir quiénes son sus vecinos y de quiénes dependen ellas mismas. Le enorgullece que su plataforma se sirva de la tecnología para unir a la gente.

Si te identificas con el monetizador del trabajo, es maravilloso que seas tan apasionado y estés tan motivado para ayudar a los demás a darse cuenta de sus metas profesionales. ¡Felicidades por tener tanto significado y propósito! Pero, al mismo tiempo, es fácil sesgarse demasiado como monetizador del trabajo. Quizá seas ya un apasionado del trabajo y cuando añades a eso las tendencias de apasionamiento del trabajo de *otras personas*, puede ser muy fácil que cada conversación, cada interacción y cada momento giren alrededor de laborar.

No dejes de darte tiempo entonces para convivir con personas que no sólo te buscan por motivos de trabajo. Integra tiempo a tu horario que no tenga nada que ver con tu carrera o con buscar una carrera para los demás.

LA PERSONA QUE ESCRIBE RESÚMENES

¡Es broma! Una especie de...
Pienso que la mayoría de nosotros puede verse en alguna de esas categorías. Aunque yo diría en general que soy una apasionada del trabajo, también he sido renovadora del trabajo, como cuando me fui de Facebook para poner mi propia empresa. Y he sido igualmente eliminadora del trabajo, como cuando dejé en espera esa misma empresa para seguir mi sueño de actuar en Broadway. Aparte de establecer sesgo en la vida, el propósito de Elige tres es mirar atrás y ver qué obstáculos nos volvieron más fuertes y cómo es posible atacar de frente futuras oportunidades. Programamos nuestro cerebro para un resultado exitoso, independientemente de lo que encontremos en nuestro camino.

Así seas un apasionado, eliminador, monetizador, renovador, superhéroe, experto o alguna combinación de ellos, habrá veces en tu vida en las que quizá te sesgues demasiado hacia tu trabajo. Y al contrario, habrá veces en las que tus obligaciones familiares o razones personales te fuercen a dejar de seleccionar el trabajo y poner la mira en una trayectoria distinta.

Tanto Reshma Saujani como Melinda Arons participaron en campañas políticas que tuvieron un resultado diferente al que esperaban. Melinda decidió que después de muchos años de sumergirse por completo en su carrera y seleccionar constantemente el trabajo, se daría un año para concentrarse en sí misma. Reshma canalizó su energía a la formación de una organización no lucrativa para cumplir de otra manera las metas de su plataforma política. Mi madre pasó de una intensa carrera en la medicina a decidir ser madre y ama de casa, mientras que Jennifer Gefsky pasó de una carrera de alto nivel en el deporte a convertirse en cuidadora de tiempo completo y a lanzar después su propia empresa. Brad Takei abandonó su carrera para apoyar a su esposo, George, y Leah Busque creó un negocio para potenciar a otras personas a optar por el trabajo.

Aun en mi propia vida, he tenido momentos de profunda inmersión en mi carrera y abandonado mis planes de trabajo en una "empresa familiar" para concentrarme en mis sueños personales y saltar finalmente más alto para iniciar mi empresa. Cada una de esas decisiones ha tenido increíbles beneficios y también difíciles retos.

Estoy orgullosa de las fantásticas compañías en las que he trabajado, y en especial de todos los líderes de los que he tenido la oportunidad de aprender, incluido ese individuo tan especial. Toda la vida he trabajado con empeño, y espero que eso nunca cambie. Lo que *ha* cambiado, sin embargo, es mi manera de trabajar, aquello en lo que quiero trabajar y, sobre todo, *para quién* quiero trabajar. En algún momento me cansé de crear valor para otras personas.

Cuando inicié Zuckerberg Media, la lancé como una agencia de mercadotecnia y una compañía productora. Mediante prueba y mucho error, me percaté de que crear mi propiedad intelectual encendía dentro de mí un fuego mucho más intenso que de dedicarme al servicio al cliente. Creé todo ese IP como una actividad complementaria, incluido mi primer libro: *Dot Complicated*, que es ahora un programa de radio en SiriusXM, y mi libro para niños, *Dot*., que es ahora un premiado programa de televisión que se transmite en el mundo entero. O Sue's Tech Kitchen, mi experiencia de un comedor familiar con tema tecnológico. Ahora Zuckerberg Media se concentra casi exclusivamente en la creación, desarrollo y licenciamiento de nuestra propiedad intelectual. Es difícil describir lo asombroso que es ver que algo que tú creaste por completo cobra vida propia.

Ahora bien, cuando elijo el trabajo en mi Elige tres, lo hago a sabiendas de que se trata de una actividad que crea valor *para mí*. ¿Qué hace (o no hace) el trabajo por ti? Toma nota de tu respuesta y lleva una bitácora (como la que aparece al final de este libro). ¿Qué tan a menudo eliges el trabajo para ti? Pregúntate *por qué* lo escoges. ¿Es porque te gusta, debes hacerlo, tienes una fecha límite que cumplir? ¿Qué es lo que mueve tu carrera? Sólo TÚ tienes el poder de definir lo que tu trabajo significa para ti. Una vez que comprendas cómo, cuándo y por qué tomas las decisiones que tomas, podrás resolver mejor si es necesario que hagas cambios y lo rápido que debes hacerlos.

Todos tenemos diferentes caminos, diferentes metas, diferentes opiniones sobre el papel del trabajo en nuestra vida. Recuerda que mientras equilibres los sacrificios que acompañan a toda decisión sesgada, todo estará perfectamente bien.

Como dice nuestra experta en el trabajo MaryJo Fitzgerald, "creo que un equilibrio trabajo-vida es alcanzable desde una perspectiva general, conforme las demandas de todas las áreas de tu vida y tu trabajo suben y bajan. No te sentirás perfectamente equilibrado todos los días, así que persigue, más bien, una sensación más amplia de equilibrio en tu semana o mes. Date margen cuando tu concentración deba estar en el trabajo y cuando deba estar en otros aspectos de tu vida".

Ésta es la esencia de Elige tres.

Si la vida te ve sesgado hacia el trabajo, magnífico. Deja de sentirte culpable por las cosas que no eliges y date permiso de destacar en tu carrera. Si no seleccionas el trabajo ahora mismo, ¡también está muy bien! Sea lo que fuere aquello en lo que elijas sesgarte, entrégate por completo y hazlo bien.

Toda esta conversación sobre el trabajo me ha agotado por completo. ¡Y ahora nos da pie para hablar del sueño!

Sueño

Todas las enfermedades que nos matan en el mundo desarrollado tienen claros vínculos con la falta de sueño. Por eso la falta de sueño es uno de los mayores retos de salud que enfrentamos.

MATTHEW WALKER, CIENTÍFICO DEL SUEÑO

¿Hay algo peor que bajar de un vuelo con los ojos rojos? Sí, ya sé, hay *muchas* otras cosas peores. Exagero, pero si alguna vez has bajado de un vuelo con los ojos rojos y has tenido que involucrarte de inmediato en una situación en la que debías operar plenamente como ser humano, sabes a qué me refiero. Yo he pasado por demasiados casos en mi carrera de haber bajado directamente de un vuelo y tener que esforzarme en parecer concentrada y alerta, para lo cual he tenido que atiborrarme de café, ausentarme de reuniones y preguntarme si todo esto realmente vale la pena. Pienso que cada uno de nosotros tiene sólo un número fijo de vuelos con ojos rojos y yo ya llegué a mi límite.

Viajo como loca. Es muy común que se me vea viajar para pronunciar discursos en cuatro ciudades diferentes cuatro días seguidos. Un solo mes podría llevarme a Kuwait, Tennessee, Viena, la Ciudad de México, Texas y muchos otros sitios intermedios. He volado más de veinte horas para estar en Australia menos de doce en múltiples ocasiones. Por lo general, paso al menos una noche a la semana durmiendo en un avión en sustitución de una cama. Escribo este párrafo en un lounge en Seúl. Ojalá pudiera explicarme por qué estoy constituida de esta manera. Es una combinación de pasión por lo que hago más mi ADN más una adicción al frenético ritmo de la vida, tanto, que cuando vuelvo a casa para una estancia de varias semanas, en realidad me pongo impaciente.

Sobra decir que todos esos viajes, todos esos husos horarios, todos esos vuelos con ojos rojos REALMENTE interfieren en mi sueño. Y una falta repetida de sueño impone un alto costo. Interfiere con mis planes de fitness (cuando estoy exhausta, dejo de ir al gimnasio y tomo decisiones *terribles* respecto a la comida.) Afecta mi memoria y mi capacidad de pensar con los pies bien plantados en la tierra y significa que cuando regreso a casa tengo que dedicar mucho tiempo a ponerme al corriente en mi sueño cuando lo que en realidad querría hacer es pasar tiempo con mi familia.

Recientemente tomé la decisión consciente de tratarme mejor en viajes de trabajo. Aquí en Corea, por ejemplo, daré una conferencia un miércoles. Randi 1.0 habría llegado en avión el martes en la noche, pronunciado el discurso el miércoles y volado de regreso a casa ese mismo día en la noche. En cambio, Randi 2.0 llegó la noche del lunes y se quedará hasta la noche del jueves. Sé que dos días extra no parecen gran cosa, pero lo son para mí. Este calendario me permite dormir, cuidarme, tener una mente despejada y quizás incluso visitar lugares de interés. En realidad dormí nueve horas anoche por primera vez en, no sé... ¿¿años?? Tengo que decir que me siento una persona nueva.

El neurocientífico Matthew Walker es el director del Center for Human Sleep Science de la University of California, en Berkeley. En fecha reciente publicó su primer libro, *Why We Sleep: Unlocking the Power of Sleep and Dream*, en el que detalla la importancia de echar un sueñito y más. Matthew dice que convertirte en un investigador del sueño es algo en lo que caes inesperadamente, pero tienes que practicar lo que predicas. Así, él se concede en forma innegociable ocho horas de sueño cada noche. Hace poco lo tuve en mi programa de radio y me avergonzó por completo a causa de mi estilo de vida de ojos rojos (con toda razón), especialmente cuando habló del vínculo entre las enfermedades cardiacas y el hecho de no dormir lo suficiente. (Un dato para nada gracioso: ¿sabías que hay un decremento cuantificable de infartos en Estados Unidos cuando la gente gana una hora de sueño en el otoño?)[1] La familia de Matthew tiene una historia de enfermedades cardiacas, así que él sabe de la importancia de que el cuerpo descanse.

Matthew advierte que padecemos una epidemia global de pérdida de sueño. El adulto estadunidense promedio duerme sólo seis horas y media. Sé que personalmente he tenido menos sueño que el promedio nacional varias veces esta semana. Eso es justo contra lo que Matthew previene a la gente. Describió cómo a la naturaleza le costó millones de años pulir el ciclo de sueño de ocho horas, pero a nosotros nos ha costado sólo un centenar de años reducir esa cifra en casi dos horas. ¡Vaya!

Cuando le comenté a Matthew lo maravilloso que sería si uno pudiera bancar sueño —dormir todo el fin de semana y después pasar sin dormir varias noches seguidas—, me recordó que el sueño no funciona de esa manera. "No puedes pagar una deuda de sueño. Las células grasas son nuestros sistemas de crédito. Los seres humanos somos la única especie que se priva de sueño sin razón aparente".

Hace poco, mi esposo y yo tuvimos una de esas noches en las que nos derrumbamos en la cama totalmente exhaustos, con suspiros de "Por fin... la hora de dormir", sólo para ser despertados horas más tarde por nuestro detector de monóxido de carbono. Sabes de qué hablo, ¿verdad? Ese chirrido que perfora el tímpano y que sólo ocurre cuando una alarma aleatoriamente situada se queda sin batería. La nuestra estaba ubicada a tres tramos de escalera. ¡Qué horror!

Esa estúpida alarma arruinó por completo mi productividad al día siguiente. Francamente, me pregunto cómo sería mi vida si pudiera funcionar a la perfección con sólo cuatro horas de sueño por noche. ¡Qué productiva sería! ¡Cuántas cosas más haría! ¡Cuánto tiempo extra tendría! Pero entonces recuerdo que Matthew también me dijo que tendría 4.2 más posibilidades de contraer un resfriado en comparación con quienes duermen más de siete horas.[2] De acuerdo, Matthew, ya entendí. El sueño es crucial para nuestra salud y algunas personas se han propuesto promover los beneficios de dormir.

EL APASIONADO DEL SUEÑO

La persona que prioriza sistemática y regularmente el sueño en su
Elige tres.

> *Un sueño en lentas oleadas funciona como una especie de sistema linfático para el cerebro. Éste se contrae un poco durante esa fase y un fluido especial circula y recoge los desperdicios, las toxinas y el estrés acumulados cada día. Por eso las personas que trabajan de noche, quienes no duermen de acuerdo con sus ritmos circadianos naturales, tienen muchas más altas tasas*

de obesidad, diabetes, afecciones cardiacas, cáncer y otros
problemas de inmunidad.

JENNI JUNE, CONSULTORA DEL SUEÑO

Cuando pensé en quién entre mis conocidos calificaba como apasionado del sueño, recordé de inmediato a mi hijo de tres años, quien duerme de doce a catorce horas diarias (¡no es de sorprender que sonría tanto!). Pero aparte de él, no hay nadie que encarne la misión de alentarnos a todos a elegir el sueño en nuestra Elige tres con más regularidad que la consultora certificada del sueño infantil y familiar Jenni June.

A ver, ¿cómo estuvo eso? ¡¿Consultora del sueño!? ¿Qué es tal cosa? ¿Y cómo la encuentras?

Igual que nuestro experto en sueño, Matthew Walker, Jenni descubrió su vocación como investigadora del sueño mientras ayudaba a otros padres en el curso de quince años, ¡mucho antes de que recibiera sus certificaciones especializadas en coaching de sueño pediátrico e higiene del sueño! Hasta la fecha, ha ayudado a miles de familias por medio de su consultorio y en el Breathe Institute de Los Ángeles. Pero fue cuando criaba a sus cuatro hijos menores de seis años —con escasa o nula ayuda de su cónyuge, familia o cuidadores— que se obsesionó con la ciencia del sueño.

Jenni sabe que hablar del sueño con individuos que no duermen lo suficiente es un trabajo difícil y delicado. Los nuevos padres ansiosos y privados de sueño reconocen y responden de diferente manera a los círculos viciosos de sueño en los que están inmersos. Es sólo cuando Jenni se gana la confianza de sus pacientes —y puede exponerlos a la ciencia del sueño— que ve que su paradigma entero de sueño comienza a cambiar. Es entonces cuando tienen lugar las mayores y más radicales transformaciones de sus pacientes. Para ella,

esta labor es edificante. Para decirlo en forma simple, el sueño le emociona.

Puedo identificarme *por completo* con el hecho de sentirme emocionada por el cumplimiento de los ciclos del sueño.
¿Pero qué sucede cuando no puedes cumplir la recomendación de la American Academy of Sleep Medicine de dormir
siete o más horas cada noche?[3] Jenni June dice que el *momento*
del sueño es en realidad mucho más importante que cuántas
horas duermes. Si puedes corregir el momento del sueño, las
horas de sueño que necesitas se impondrán por sí solas.

"Para ilustrar lo que quiero decir con esto, les pido a mis
clientes que consideren el síndrome del *jet lag* o de quienes
trabajan de noche. Si conoces a alguien que trabaja de noche,
cuando debería dormir, y luego llega a casa y duerme ocho
horas durante el día, despertará hecho un lío y sintiéndose
atontado y no recuperado. Esto se debe a que el cerebro duerme fuera de sus ritmos biológicos naturales y no puede experimentar los componentes de suave oleada de los ciclos de
sueño. Y por muchas horas que durmamos, no despertaremos
sintiéndonos completamente recuperados."

Jenni, como Matthew Walker, practica lo que predica porque, como dicen, la necesidad es la madre del ingenio. Como
consultora (y apasionada) del sueño, asegura que consigue su
propio sueñito de calidad reduciendo otras cosas, como vuelos
con los ojos rojos, desveladas con amigos y familiares (después
de las nueve o diez de la noche) cuando tiene que trabajar al
día siguiente y nada de ejercicio tres horas antes de acostarse.
Priorizar el sueño no ha hecho más que aumentar la calidad y
por tanto la cantidad de su trabajo y relaciones, en lugar de re-
ducirlas. Cree que lo que en realidad necesitamos no es tiempo, sino energía, la superpotencia que nos impulsa. El sueño
de calidad, dice, nos ayuda a acceder a una ilimitada energía

y a la flexibilidad cognitiva para aprender a manejar esa energía en una forma que favorezca nuestras relaciones, productividad diaria y creatividad. ¡Por eso muchas de las más exitosas personas de negocios extraen beneficios del sueño!

Básicamente entonces, y contra todo lo que hemos visto y oído acerca de la "industriosidad", quemarse las pestañas y trabajar todo el día —tal como Jenni lo ha visto en su consultorio y Matthew lo ha expresado en sus investigaciones y su libro—, si de veras quieres triunfar en los negocios a largo plazo, tienes que optar por el sueño.

Aunque es probable que tu jefe te palmee la espalda por estar siempre disponible y responder correos electrónicos a las dos de la mañana, lamentablemente no hay ningún trofeo a largo plazo para la sostenida privación de sueño. Dormir lo suficiente significa que estás en condiciones óptimas para tu carrera, tus relaciones, tu salud y tu estado de ánimo. ¿En ocasiones has dejado de dormir de noche? No te preocupes, todos los días te ofrecen una nueva oportunidad de Elige tres. Todos tenemos periodos en los que es imposible que durmamos bien de noche. Así, mientras alcances el equilibrio a largo plazo, te irá bien.

Matthew dice que como no sabes cuándo te privarás de sueño, una noche de poco sueño puede derivar en errores, mal humor y hambre. Y ese riesgo no hace más que aumentar si uno incurre en repetidas pérdidas de sueño.

Por eso me interesó tanto sentarme con el cirujano pediátrico de trasplante de órganos Adam Griesemer, para descubrir qué lo motivó a incursionar en una línea de trabajo en la que sabía que tendría que dormir muy poco, y sacrificar su salud entre tanto, a fin de salvar incontables vidas.

LO ASOMBROSO DEL SUEÑO

El sueño es el elíxir de la vida, el gran renovador. Crucial para nuestra salud, felicidad y bienestar. Sea como fuere, no obtenemos el suficiente. He aquí algunas sugerencias prácticas que puedes probar para comenzar a dormir bien desde esta noche.

APÉGATE A UN HORARIO. Es tentador saltarse el sueño durante la semana laboral y después querer dormir de más en los días libres. Pero muchos expertos coinciden en que es mejor condicionarnos a acostarnos y despertar casi a la misma hora todos los días. Estamos acostumbrados a poner el despertador para reanimarnos cada mañana, así que ¿por qué no poner una alarma para que nos indique que ha llegado la hora de acostarnos?

DESARROLLA RITUALES PARA ACOSTARTE. Esto podría ser cualquier cosa, desde un baño caliente hasta yoga, un cambio de iluminación o escuchar cierto tipo de música: cualquier cosa que hagas regularmente y que le señale a tu cuerpo: "Es hora de dormir".

APAGA LAS PANTALLAS. La luz de nuestros dispositivos nos mantiene despiertos. Intenta apagar tus pantallas entre treinta y sesenta minutos antes de acostarte. Arianna Huffington recomienda "poner a dormir tus dispositivos". Opta en cambio por un libro o revista. Si debes mantener encendidos tus dispositivos, descarga una app que ayude a reducir la luz azul a algo más acorde con la oscuridad. O si hay otra persona en el lecho junto a ti, quizá podrías prestarle un poco de atención, sea lo que eso signifique para ti...

EVITA COMER MUCHO O HACER EJERCICIO A ALTAS HORAS DE LA NOCHE. El ejercicio es espléndido para ayudar a dormir... siempre y cuando se le ejecute a la hora correcta del día. Igual que comer mucho, hacer ejercicio acelera tu metabolismo y te mantiene despierto. Lo ideal es que no realices ninguna de esas actividades menos de entre dos y tres horas antes de acostarte.

¿TU CUARTO ES FRESCO? Muchos expertos en el sueño aseguran que la temperatura óptima para dormir bien es de 15-20 grados. Si tu cuarto es demasiado caliente, eso podría afectar la calidad de tu sueño.

HAZ, EN LA NOCHE, TU LISTA DE PENDIENTES PARA EL DÍA SIGUIENTE. Si el estrés y la ansiedad no te dejan dormir, dedica unos minutos antes de acostarte a anotar las cosas que debes hacer el día siguiente. De este modo, tu cerebro podrá relajarse cuando pongas la cabeza en la almohada.

EL ELIMINADOR DEL SUEÑO

La persona que no elige regularmente el sueño para Elige tres, sea por decisión propia debido a su profesión o por circunstancias de la vida o enfermedad.

Justo antes de que se te someta a cirugía, la familia siempre pregunta: "¿Cómo dormiste anoche?"; quiere que estés descansado. Pero después de la cirugía no te vuelve a preguntar eso; quiere que estés disponible. Sin embargo, cuarenta horas seguidas es todo lo que yo estoy dispuesto a dar. Después de eso, no creo que sea éticamente correcto mantenerse despierto.
ADAM GRIESEMER, CIRUJANO PEDIÁTRICO DE TRASPLANTE DE ÓRGANOS

Luego de pasar una década en Silicon Valley, donde todos trabajan en tecnología, cada conversación trata de tecnología y el Kool-Aid te hace creer que lo único que salvará a la humanidad es la —adivina qué— tecnología, para mí fue una agradable sorpresa conocer al doctor Adam Griesemer en la cena de cumpleaños de un amigo.

Sentada en la mesa frente a Adam, le pregunté aprensivamente a qué se dedicaba. Temerosa de que contestara: "A la tecnología", tuve que evitar quedarme boquiabierta cuando me dijo que era cirujano pediátrico de trasplante de órganos y describió la manera en que rutinariamente tenía que levantarse a medianoche, tomar un vuelo para ir a recoger un órgano y regresar corriendo a una prolongada y complicada cirugía. Yo pensaba que estaba exhausta de trabajar en tecnología y de las diarias demandas de la vida de las nuevas empresas. Pero el doctor Griesemer se privaba literalmente de sueño y acostumbraba mantenerse despierto de treinta a cuarenta horas seguidas para garantizar una recolección, entrega y operación exitosas.

El doctor Griesemer es el eliminador del sueño por antonomasia. Su muy importante opción profesional no le permite seleccionar el sueño tan seguido como una persona podría, querría *o debería* hacer. ¿Qué tipo de persona puede trabajar así? El doctor Griesemer dice que aunque la mayoría de la gente podría educarse para hacer ese trabajo, éste requiere a alguien dispuesto a sacrificarse. Han quedado atrás las noches en las que podía tomar una o tres copas en eventos sociales; como los cirujanos de trasplantes trabajan a toda hora, casi no asisten a un solo evento social. Además, nuestro experto en sueño Matthew Walker advierte que las bebidas alcohólicas pueden fragmentar el sueño, así que si bebes, despertarás más a menudo y no te sentirás recuperado. Nadie desea a un cirujano adormilado.

El tenso estilo de vida de los cirujanos de trasplantes es muy severo también para los seres queridos. Cuando recibes un llamado, tienes que dejarlo todo, estés donde estés y hagas lo que hagas. Podrías estar en tu propia cena de aniversario, o en la boda de un amigo, y recibir una llamada relacionada con un órgano, en cuyo caso, diez de cada diez veces tendrás que dejar tu cena por tu trabajo. Los cónyuges pueden sentirse marginados, y lo hacen con frecuencia. El doctor Griesemer me contó que el índice de divorcios en su ramo es muy alto, porque muchos cónyuges se hartan de sentirse la prioridad número dos.

Él es uno de los afortunados, porque su esposa también trabaja en medicina y por tanto está muy familiarizada y cómoda con el estilo de vida que él eligió. Sin embargo, eso no quiere decir que no hayan tenido que sacrificarse. Adam me describió cómo decidieron aplazar la llegada de los hijos; ambos quieren ser padres, pero les petrifica pensar en llevar niños a una vida ya privada de sueño y en la que a veces la familia pasa a segundo término. "No sé a qué le temo más", admitió; "a no tener hijos o a tenerlos y no tener tiempo para ellos".

Cuando se trata del sueño, los niños y ser un cirujano de trasplantes, no existe el equilibrio trabajo-vida. Sólo hay sesgo. La clave es no sesgarse *demasiado*. Justo ahora el doctor Griesemer siente que está bien sesgado: deriva tanto significado y valor de su carrera que esto le permite superar los momentos duros y agotadores. Aún no tiene hijos, pero salva la vida de miles de niños. Al mismo tiempo, reconoce que su esposa podría tener una opinión ligeramente distinta sobre su desequilibrio. Mientras que él siente que puede conservar este ritmo por un tiempo, no siempre le agradan los sacrificios familiares que ha tenido que hacer a causa de su carrera.

Así pues, ¿qué ocurre cuando eliges una trayectoria profesional en la que de ninguna manera *puedes* escoger el sueño como una de tus opciones en Elige tres, aun si en realidad lo deseas? Al igual que el doctor Griesemer, muchos eliminadores del sueño optan por mantenerse en marcha (él me dio la clave: "Sigue tu curso, ¡no te detengas ni te sientes!") o por tener un sofá en la oficina para tomar siestas. Aprenden a gustar del café negro y a veces toman hasta seis tazas al día para alcanzar el nivel de cafeína que necesitan, aunque Matthew Walker recomienda ser cautos en este sentido. "La cafeína y el alcohol son las dos drogas menos comprendidas por lo que se refiere al sueño", dice. "La cafeína nos mantiene despiertos, porque bloquea los receptores de adormecimiento del cerebro. Así, aunque durmamos mientras la cafeína circula por nuestro cerebro, nos despertamos tan atontados que debemos tomar dos tazas completas de café para sentirnos alerta".

Yo he estado ahí, he hecho eso.

Otra cosa que los eliminadores del sueño comparten es que no desean que el estilo de vida de falta de sueño dure para siempre. El doctor Griesemer adora su carrera y la considera una parte enorme de su vida para el futuro próximo, pero también admite que a la larga desea aflojar el paso y experimentar el simple placer de relajarse una tarde de fin de semana, un lujo del que no ha podido disfrutar desde antes de la facultad de medicina.

Aunque él gusta de su trabajo y aún se siente desafiado por su opción profesional, sabe que debe equilibrar activamente el costo de no dormir y de trabajar en exceso. Cuando puede, hace yoga para aliviar el dolor en la base de la espalda, causado por estar de pie mucho tiempo. Aunque es raro que lo haga, va de vacaciones a lugares donde no hay servicio de teléfono celular, para que no tenga la inquietud mental de revisar su aparato o de prestar ayuda en su tiempo libre. Si encuentra tiempo para ello, tiene pasatiempos, como pescar, que lo relajan y le permiten pensar en algo distinto a sus pacientes, a los que no siempre puede salvar pese a ser un cirujano calificado. Y se encarga de dormir lo más posible cuando va en un jet y los teléfonos están puestos en modo avión.

Para los eliminadores del sueño, una de las preguntas más importantes es: ¿qué otra cosa escoges si no eliges el sueño? (¡Seleccionar el café no cuenta!) ¿Podría ser que desempeñarte a menor capacidad debido al cansancio sea algo que valga la pena? Si te ves en la categoría de eliminador del sueño con relativa frecuencia, es momento de que realices una introspección seria. ¿Tu carrera es literalmente de vida o muerte, como la del doctor Griesemer, donde es forzoso que te mantengas despierto, o se trata de una eliminación del sueño autoimpuesta, motivada por la ansiedad, una cultura laboral tóxica o un jefe difícil? Si no es una cosa temporal y estás en camino de convertirte en un eliminador del sueño para el futuro próximo, el doctor Griesemer tiene varios mecanismos de afrontamiento, aunque reconoce lo siguiente: "pensé que sería más fácil. Pensé que tendría más oportunidades de dormir o que sería mejor para funcionar con poco sueño. Ninguna de ambas cosas es cierta".

Cada profesional tiene un talón de Aquiles y el mío es mi voz. Cada vez que me excedo, pierdo la voz y quedo completamente ronca, lo que resulta *un poco* inconveniente cuando te dedicas a dar conferencias y conducir un programa de radio. El día de mi primer papel protagónico en la preparatoria, contraje laringitis. El día de mi boda, la tenía también. Básicamente, siempre que no me cuido, puedes apostar que tendré que hablar con mímica durante una semana o más. Hubo una semana en 2017, en que pronuncié cuatro discursos cuatro días seguidos en cuatro ciudades distintas. En la última ciudad estaba tan agotada de todos esos vuelos con ojos rojos y cambios de huso horario y carreras en los aeropuertos que me quedé sin voz. Apenas podía susurrar. Aquél era un grupo de varios cientos de mujeres judías en Filadelfia (si vas a estar bajo la tormenta, ¡no hay mejor lugar para ello que con trescientas mamás judías!), quienes no cesaron de llevarme té y agua caliente mientras yo hacía todo lo posible por graznar durante mi conferencia, de una hora de duración. Una de ellas, especialista en oído, nariz y garganta, ¡me regañó después por haber hablado ronca durante una hora!, aunque más tarde admitió que le alegraba que me hubiera presentado en lugar de cancelar. Por desgracia, tuve que prescindir de mi parte favorita: me gusta mucho cantar al final de mis conferencias, pero eso sin duda no sucedería en esa ocasión.

Mi voz tardó mucho más que de costumbre en recuperarse de ese desastre, lo cual fue desde luego una llamada de alerta para mí y me hizo ver que tenía que tomar en serio mi salud y descanso. Si quería que mi cuerpo trabajara para mí, tendría que empezar a cuidar mucho mejor de él. Todos pasamos por periodos en los que sacrificamos nuestro sueño más de lo que deberíamos. A veces, esto conduce a una ruidosa llamada de alerta. Pregúntaselo a la renovadora del sueño Arianna Huffington.

CINCO REMEDIOS SI TE SIENTES EXHAUSTO

Cuando tengas que despertar pese a sentirte exhausto, considera:

UNA DUCHA FRÍA DE TRES MINUTOS. Es terrible, pero te despertará y te hará sentir superbién, aun si no dormiste nada.

SAL AL AIRE LIBRE. Nada como la luz natural para despertar. Aun cinco minutos a la intemperie pueden reanimarte.

COME PROTEÍNAS. Después de una noche de privación de sueño, tu cuerpo clamará: "¡Dame donas!" Resiste esa tentación y nútrelo con alimentos sanos, o de lo contrario te desplomarás.

DATE UN MOMENTO PARA MEDITAR O RESPIRAR HONDO. Éste es un buen reemplazo de una siesta.

EL RENOVADOR DEL SUEÑO

Esta persona comenzó a priorizar más el sueño después de haber topado con un gran obstáculo.

> *No había una cantidad fija [de sueño] antes de mi llamado de alerta y ése era el problema. El sueño era lo último, o casi, en mi lista de prioridades. Dormir lo suficiente permite permanecer centrado mientras se enfrentan los retos de la vida. Y me vuelve más productiva y presente.*
>
> **ARIANNA HUFFINGTON,** FUNDADORA DE HUFFINGTON POST THRIVE GLOBAL

Arianna Huffington es una de esas increíbles magnates de los negocios que, cuando las conoces, quieres permanecer dentro de su órbita. No cesa de reinventarse, viendo la siguiente gran tendencia años antes que cualquier otra persona. Ella ha pasado de política a figura mediática y directora general, para convertirse ahora en promotora del sueño. Es un auténtico ejemplo de en qué consiste defender a las mujeres, los inmigrantes y cuidar de uno mismo al tiempo que dirige una empresa global.

El 6 de abril de 2007, Arianna se derrumbó a causa de privación de sueño y agotamiento. Se fracturó un pómulo y despertó en un charco de sangre. Ése fue su llamado de alerta. Luego de pasar por una gran variedad de pruebas para descubrir qué sucedía, el diagnóstico terminó siendo "caso agudo de extenuación y privación de sueño", o lo que ella llama "la enfermedad de la civilización".

Todos tenemos problemas para dormir suficiente y esto fue lo que impulsó a Arianna a lanzar Thrive Global después de que dejó *Huffington Post*. Thrive Global es una compañía mediática que se sirve de la ciencia y la narrativa para ayudar a la gente a llevar una vida más sana. Después de sus experiencias de haber rebasado los límites, Arianna se ha convertido en una de las principales voceras y expertas del cuidado personal y el sueño en la comunidad de los negocios.

Una de las principales misiones de Thrive Global es la creación de nuevos modelos a seguir que derriben el mito de que el precio que debemos pagar por el éxito es la falta de sueño. Arianna dice que el fundador y director general de Amazon, Jeff Bezos, no sólo cumple con la recomendación médica de dormir ocho horas diarias, sino que además lo hace debido a la responsabilidad que tiene con los accionistas de Amazon. Y el exdirector general de Google, Eric Schmidt, escribió un artículo para Thrive acerca de que dormir bien puede aumentar tu capacidad para hacer casi todo.

Para Arianna, acabar con nuestra cultura de extenuación es la prioridad número uno, debido a sus costos económicos. Un estudio de 2016 de la Rand Corporation determinó que en sólo cinco países —Estados Unidos, Japón, Alemania, el Reino

Unido y Canadá— se pierden cada año 680 mil millones de dólares por insuficiencia de sueño,[4] para no mencionar los costos humanos para nuestra salud, relaciones, productividad y
sensación de realización.

El investigador del sueño Matthew Walker coincide con
ello. Cree que la escuela debería empezar más tarde a fin de
que cuerpos y cerebros en desarrollo tengan tiempo suficiente
para descansar bien. "Cada vez que pretendes enfrentarte a la
biología, es común que ella gane", dice. Y el cuerpo de los niños y jóvenes desea dormir en las primeras horas de la mañana.
En países en los que se ha aplazado la hora de inicio de clases,
el rendimiento académico ha mejorado.[5] Arianna Huffington
encabeza la cruzada para ayudar a los estudiantes mediante la
promoción del bien dormir.

En 2016, ella y el *Huffington Post* lanzaron la gira universitaria #SleepRevolution en más de cuarenta instituciones estadunidenses. #SleepRevolution se asoció con grandes marcas
como Sleep Number, Marriott y JetBlue para destacar la importancia del sueño, particularmente entre los estudiantes,
para que cultiven mejores hábitos de sueño y mejoren por
tanto su calidad de vida.

La gira #SleepRevolution fue muy inspiradora para Arianna. Su principal meta fue difundir la conciencia del sueño,
congregar a estudiantes y organizaciones que comparten ese
sentir y realzar todas las formas creativas en las que los estudiantes abordan los problemas del sueño, el agotamiento
y la privación de sueño. La respuesta, dice Arianna, fue impresionante. "Los estudiantes se hallan bajo una presión sin
precedente —desde su carga de trabajo hasta las demandas
y distracciones de la tecnología—, pero también tienen una
conciencia sin precedente de la importancia del bienestar, y la
resolución de cambiar la forma en que vivimos y trabajamos".

Así pues, ¿cómo afectó personalmente a Arianna la gira #Sleep Revolution?

Ella dice que ha alcanzado su meta suprema: ¡vivir mejor! Para Arianna, esto tiene que ver menos con logros específicos que con estar plenamente presente en su vida en lugar de pasar por ella como zombi, como le sucedía antes de su colapso. Ahora sigue siendo capaz de hacer cosas, pero tiene una sensación de dicha y realización que es mucho más fácil de acceder cuando se siente completamente revitalizada.

Numerosas personas optan por hacer a un lado el sueño en su carrera pese a que *no* se desvelan para salvar vidas como el doctor Adam Griesemer. ¿Por qué lo hacen? Arianna cree que esto tiene que ver con nuestra obsesión con estar ocupados, algo a la que la tecnología ha contribuido exponencialmente. Con nuestro creciente ritmo de trabajo, vivimos más allá de nuestra capacidad para sostenerlo. Arianna dice que fijar prioridades y percatarnos de cómo padece nuestro rendimiento diario cuando no priorizamos el sueño y el bienestar pueden ser buenos remedios. Después de muchos años de sesgarse en la dirección opuesta, Arianna está muy satisfecha de inclinarse hacia el sueño. Insiste en que las investigaciones demuestran que, a menos que tengas una mutación genética que te permita arreglártelas con poco sueño (y sólo alrededor del uno por ciento de la población se encuentra en ese caso),[6] necesitas de siete a nueve horas de sueño, y le encanta difundir este mensaje mediante su propia historia, que le cambió la vida.

Ser un renovador significa que sabes que recuperar energía por medio del sueño es tan importante para ti como para quienes te rodean. Tal vez ya hayas tenido tu llamado de alerta, como le ocurrió a Arianna, y eso te haya hecho pensar de otra manera en el equilibrio trabajo-vida y la salud personal.

Si te das algo de tiempo para reconcentrarte, repriorizar y cerciorarte de cuidar de ti, podrás estar en excelentes condiciones para beneficiar a quienes te rodean.

Uno de los más importantes consejos de Arianna es que si estás en un momento en que debes hacer un poco de renovación y escoges un poco más el sueño, debes considerar el papel del teléfono en tu vigilia. Ella me contó que el recurso que más prefiere para dormir es desterrar su teléfono de su recámara durante la noche. Como nuestros teléfonos son almacenes de todo lo que nos mantiene despiertos —listas de pendientes, bandejas de entrada y ansiedades—, recomienda que dejes el tuyo *fuera* de tu cuarto. "Hacer esto como parte regular de tu ritual para acostarte hace más probable que despiertes tan cargado como tu teléfono."

El sueño no es un lujo, es una necesidad; y si ya te diste cuenta de eso, no permitas que nadie te culpe o presione. Es fácil caer en la trampa de nuestra cultura de ocupación, pero nunca es demasiado tarde para cambiar malos hábitos y renovar tu vida.

SALAS DE SIESTA

El visionario director general de HubSpot, Brian Halligan, es un importante desarrollador y comercializador de productos de software para la mercadotecnia y venta en línea. Brian sabía que tomar siestas había contribuido a mejorar su trabajo, así que creó una sala de siesta para que muy agotados ejecutivos de HubSpot se despojaran de sus ojos rojos de nuevos padres, así como para empleados exhaustos que precisaran de unos minutos para el reposo de sus fatigados ojos y mente.

"Siempre he sido un entusiasta de la siesta", me dijo. "Personalmente he descubierto que tomarme unos minutos para una siesta durante el día me ha ayudado a ver las cosas con más claridad y me ha dado la oportunidad de tener una mejor noción de aquello en lo que debo trabajar. Algunas de mis mejores ideas se me han ocurrido durante siestas. Y no, no hay límites de tiempo. Como muchas otras cosas en HubSpot, ésta también sigue nuestra política de 'Usa tu juicio'. Nadie abusa de esto."

Brian es mi tipo de líder. "He alentado a la gente en HubSpot a tomar una siesta (y yo mismo lo hago). Volvimos oficiales las siestas den HubSpot en septiembre de 2013, cuando instalamos una sala de siesta, que llamamos Van Winkle, en nuestras oficinas generales en Cambridge. Esa sala ha estado en uso casi constante desde entonces. En lo personal, soy un entusiasta de la siesta en pufs; hay varios cerca de mi escritorio. Éste es un magnífico lugar para hacer una pausa de veinte o treinta minutos si lo necesito".

Cuando se le pregunta qué es lo que le gusta tanto de la siesta, dice: "Para decirlo simplemente, la siesta me da claridad. Cuando eres un fundador, no tienes mucho tiempo libre. Algunos fundadores no se desconectan en absoluto. La siesta puede mantenernos frescos, saludables y contentos en un día por lo demás muy agitado. Puede mejorar tu percepción y estado de alerta y ser incluso una ventaja competitiva. Además, ¡te hace sentir muy bien!"

La verdad es que algunas personas pueden hacer bien las cosas cuando están privadas de sueño. Acometen tareas, hacen cosas, toman el toro por los cuernos; yo no. Soy del tipo de quienes necesitan desesperadamente *al menos* siete horas de sueño para funcionar, lo que vuelve súper desafiante disponer de la energía que necesitas cuando tienes un bebé y debes despertar cada cuatro horas durante la noche para alimentarlo. Cuando tuve a cada uno de mis dos hijos, dispusimos por fortuna de los recursos indispensables para contratar a una niñera de noche que nos ayudara durante las primeras semanas después de que nacieron. La niñera llegaba a las nueve. A las 8:58 yo estaba en la puerta esperando ansiosamente su arribo. Sé que el dinero no compra la felicidad, pero cuando se trata de un recién nacido, el dinero seguro que te compra una hora extra de sueño.

Con mi segundo hijo, el sueño fue más difícil aún, porque yo ya tenía un bebé en la escuela, lo que significaba desagradables y pequeños gérmenes infantiles llegados de quién sabe dónde. Como mi esposo es hijo único, su inmunidad no es tan fuerte como la mía; supongo que hay algo estupendo en crecer con tres hermanos que llevaban diferentes virus a casa cada semana. Mi esposo no cesaba de enfermarse a causa de los aleatorios bichos de preescolar que nuestro hijo llevaba a casa. Heme ahí entonces con un nuevo bebé, un hijo pequeño y un esposo que contraía un resfriado tras otro y una infección estomacal tras otra. Cuando se enfermó por cuarta vez en un periodo de seis semanas, me harté de secuestrarme y secuestrar a nuestro recién nacido de los gérmenes del resto de mi familia enferma. En un momento de frustración insomne, llamé a mi increíble esposo "peso muerto" (todavía me avergüenza recordar que esas palabras salieron de mi boca).

#¡DESCONÉCTATE!

Los expertos recomiendan que las recámaras sean "para dormir y tener sexo únicamente". Aunque quizás eso no sea totalmente sostenible en el mundo moderno (noventa por ciento de nosotros dormimos con el teléfono precisamente junto a nuestra cabeza), he aquí algunas formas de trabajar al respecto:

FIJA UNA HORA REGULAR PARA DESCONECTARTE.
Comienza con un pequeño periodo de "apagar dispositivos" (podría ser una hora durante la cena) y amplía gradualmente ese lapso. ¡Te reto a alcanzar una noche entera o incluso un fin de semana! (¡Nada menos!)

PIENSA EN ALGO DIVERTIDO, COMO PLANEAR UNAS VACACIONES. ¡Las investigaciones indican que el sencillo acto de pensar en unas vacaciones te pone contento! Hipotético viaje a Hawái, ¡allá vamos!

HAZ ALGO ANTICUADO. Practica un juego de mesa. Arma un rompecabezas. Crea un proyecto artístico. Cocina. Recuerda lo divertido que puede ser el hecho de ser creativo, usar tu cerebro y tener una interacción social con verdadero contacto visual.

ENCARCELA TU TELÉFONO. Leíste bien. Si de veras no puedes controlarte, hay dispositivos que mantienen tu teléfono en "prisión" durante un largo periodo. Desconecta el Wi-Fi durante ciertas horas o desactiva tu acceso a ciertas apps y sitios web durante periodos de tu elección.

LEE *DOT COMPLICATED*. ¡Si alguien hubiera escrito ya un libro sobre la búsqueda de equilibrio tecnología/vida en nuestra muy conectada existencia!… Espera, ¡yo lo hice! Pero, en serio, si batallas con este problema, querrás leerlo. #shamelessplug

Durante el primer mes de vida de un bebé, miles de amigos quieren presentarse. Te hacen compañía. Te colman de regalos y atenciones. Te la vives con alta adrenalina. QUIERES pasar tiempo con tu bebé. *¿Sueño? ¿Qué es eso?* Pero a las seis semanas, esa adrenalina empieza a disminuir. Una vez que las fanfarrias terminan, estás sentada sobre seis semanas de deuda acumulada de sueño. ¡Qué bueno que la presentación de un niño al mundo sea varios meses con padres increíblemente privados de sueño! ¿Por qué creímos que ésa era una buena idea?

EL SUPERHÉROE DEL SUEÑO

Esta persona se sesga a favor o en contra del sueño para apoyar a un ser querido.

> *El sueño ya no existe.*
>
> PATINA MILLER, ACTRIZ GANADORA DEL TONY

Es increíble que, después de todo por lo que hemos pasado, tantos de nosotros decidamos tener más de un hijo. Más increíble todavía es que nuestra pareja, que presenció la histeria de la privación de sueño, apoye esa decisión. ¡Muchos de nosotros la alentamos incluso! Es como si hubiera una especie de pérdida de memoria colectiva de lo idiotas que fuimos con dos horas de sueño. Como mis hijos ya están tan grandes que casi he olvidado lo muy privada de sueño que estuve, decidí que para los efectos de este libro debía hablar con una mamá nueva, alguien que estuviera un poco más cerca de la experiencia. ¡Tuve el placer de entrar en contacto con una de las más bellas y extraordinarias nuevas mamás que conozco, para que me recordara cómo es esto!

Patina Miller es una actriz ganadora del Tony y coestrella del drama político de CBS *Madam Secretary*. Dio a luz a su primera criatura en el verano de 2017, apenas meses antes de que yo la entrevistara para este libro. "Todos me hablaron con anticipación de la privación de sueño, y yo decía: 'Soy un ave nocturna, estaré bien'. ¡Ay, no! ¡Es todo lo que me advirtieron y todavía peor! Aun cuando [mi hija] ya se haya dormido, yo sigo despierta observándola, ¡para confirmar que respira!"

Patina me contó que el sueño es algo que sólo conoce de palabra, no de obra. Aunque su mamá le ayuda y al principio ella contrató a una niñera, esto sólo contribuyó a que dispusiera de unas cuantas horas de sueño. Ahora sostiene una relación amorosa con los capuchinos. "Me muero de ganas de que la niña cumpla dieciocho años para que yo pueda dormir por fin".

Los días en que Patina trabaja, ¡olvídate! No duerme nada. "Me despierto a las cinco de la mañana los días que grabamos *Madam Secretary*, así que es imposible que priorice el sueño". No es ajena a semanas laborales intensas. Después de todo, ha participado en múltiples espectáculos en Broadway y en el West End de Londres. Pero tener un bebé es un tipo de fatiga diferente a presentar en Broadway ocho funciones a la semana, dice. "Cuando estaba en *Pippin* [obra por la que ganó un Tony como actriz protagónica] era agotador, pero era un horario fijo, sabía que tenía que cumplirlo. Y además, todo se reducía a mí. Tenía tiempo para dormir y descansar. Tener un bebé es una cosa de *todos los días*, no se reduce a un par de horas. Estar junto a alguien que necesita de ti todo el tiempo es un trabajo extenuante. También es algo humano. Broadway es una cosa seria, pero *no tanto*."

La privación de sueño ha afectado asimismo sus decisiones alimentarias. Toma peores decisiones cuando no prioriza el sueño. "Tengo que preparar mis alimentos y sé qué comí el día anterior. La privación de sueño me lleva a malas decisiones."

El consejo de Patina a los nuevos padres es que vivan cada día. Las nuevas mamás tienen que aprender a respirar y saber que todo estará bien. "Todos tus sentimientos son súper válidos. Acepta los cambios y la incertidumbre. Es un cambio mental y físico. Las cosas mejorarán, pero eso toma tiempo. No te juzgues ni te compares con otras mamás y otras experiencias." Aconseja a las parejas que amen a su esposa. "Somos frágiles".

¿La pérdida de sueño valió la pena: la fatiga, la locura? ¿Ella volvería a tomar la decisión de ser madre durante el periodo más intenso de su carrera? "Lo haría mil veces. Mi hija es lo mejor que me ha pasado nunca. Basta con que nos miremos y eso es maravilloso. Ella es la razón de todo lo que hago; es en verdad el amor de mi vida."

Yo tuve un destello del mundo de Patina. Después de cada una de mis treinta funciones de *Rock of Ages*, sabía que debía acostarme y descansar (en especial los fines de semana, ¡cuando dábamos cinco funciones!), pero me era prácticamente imposible dormir. Estaba inmersa en una embriaguez de reflectores, mejor conocida como la adrenalina del actor.

Patina ha pasado por largas horas de producción de programas de televisión, ensayos y memorización; ADEMÁS de ocuparse de una bebé que necesita que la alimente. El sólo pensarlo me fatiga. Hacemos lo que podemos para sobrevivir y ayudar a hacerlo, también, a los que queremos. Por eso, a nuestra manera, todos somos superhéroes del sueño en un momento u otro. Cómo nos reponemos después de caer del vagón del sueño es algo que procede de buscar momentos en los que podemos priorizar mejor el sueño. Y eso ocurre con un poco de ayuda de nuestros amigos... y de los monetizadores.

EL MONETIZADOR DEL SUEÑO

Alguien cuya carrera presente se centra en crear un producto
o servicio que permita a otros escoger el sueño.

> *La mera palabra vacaciones te cambia el ánimo. En el*
> *acelerado ritmo de hoy, a veces quisiéramos estar libres*
> *del estrés diario y nuestras responsabilidades permanentes*
> *en el trabajo y el hogar. Tomar distancia te permite reabastecerte*
> *y reiniciarte para que tengas un ánimo renovado al regresar*
> *a la rutina diaria.*
>
> LISA LUTOFF-PERLO, PRESIDENTA Y DIRECTORA GENERAL
> DE CELEBRITY CRUISES

¿Qué podría ser más relajante y propicio para dormir bien que
unas fabulosas vacaciones, llenas de lujosos tratamientos en
un spa, restaurantes gastronómicos y camas súper cómodas,
todo ello mientras te meces hasta caer dormida en el mar?
Prácticamente nada.

Combina eso con el hecho de que no ves a demasiadas
mujeres dirigir grandes compañías globales de viajes, así que
a mí me fascinó tener la oportunidad de trabajar con Lisa Lutoff-Perlo y Celebrity Cruises en 2015. Ayudé a diseñar un menú
de servicios de spa para su Canyon Ranch Spas-at-Sea, con
nombres tan técnicos y divertidos como FACEialTIME, Text-
icure y Control-Alt-Relax. Yo tenía entonces un hijo de tres
meses, ¡así que es un hecho que diseñé en parte esos mimosos
tratamientos para mí misma!

Lisa ha hecho una impresionante labor de redefinir y reconceptualizar Celebrity Cruises en un atestado mercado de
viajes de lujo. Su ramo es el de brindar experiencias relajan-
tes a los viajeros, así que toda su actividad gira alrededor de

ayudar a otras personas a elegir el sueño como una prioridad cuando están en sus barcos.

Lisa dice que no es ningún secreto que dormir bien nutre la mente, el cuerpo y el espíritu. Ella es una gran creyente de la mentalidad de "acuéstate temprano, levántate temprano". Le pregunté si practica lo que predica. "Me acuesto a las ocho u ocho y media y me levanto a las cinco o cinco y media todos los días, incluso los fines de semana, así que soy una de esas personas a las que les *encanta* dormir. Me fascina dormir y realmente creo que es lo único que me rejuvenece de pies a cabeza".

El programa Mindful Dreams de Celebrity fue una prolongación natural de los programas de bienestar que la compañía ya tenía a bordo. Lisa oyó decir a los clientes que en ocasiones se precisa de una o dos noches para transitar por completo de una semana laboral o vida familiar agitada y estresante a una mentalidad de vacaciones, donde no hay presiones para mantener un horario, cumplir fechas límite o estar conectado, a menos que los huéspedes decidan hacerlo.

Lisa me dijo que las cosas no se reducen a dormir durante la mayoría de las vacaciones. Lo importante es más bien liberar el estrés que tendemos a acumular. "Las vacaciones te dan la oportunidad de relajarte y ponerte al corriente en descanso y sueño sin presiones adicionales", dice. "Y las vacaciones en el mar son las mejores para ponerse al día y cambiar tus hábitos de sueño. Estar en el mar, rodeado por el océano, es la experiencia más relajante y maravillosa del mundo, perfecta para situarse en un estado de ánimo reposado."

Con un buen descanso, las vacaciones nos ayudan a recuperar nuestro genuino ánimo, con el fin de que podamos estar en sintonía con quienes queremos y apreciar la esplendorosa vida que hemos creado. "Todos necesitamos hacer alto y descansar, pero a veces creo que necesitamos que nos lo recuerden."

El equipo de Lisa elige tratamientos estando al día en las tendencias más recientes, obteniendo comentarios de los huéspedes y explorando las novedades de interés del mercado. "Nos enteramos muy pronto cuando las cosas funcionan o no, ya que tenemos en nuestros barcos huéspedes de todo el mundo que comparten sus experiencias y comentarios después de cada crucero. Reaccionamos de inmediato, hasta que lo hacemos justo como se debe. Lo bueno es que acertamos en la gran mayoría de los casos."

Los cruceros son la circunstancia perfecta para relajarse, porque miman a sus clientes y se adelantan a sus necesidades, antes siquiera de que los huéspedes sepan cuáles son. Lisa desea que sus huéspedes suban a bordo, desempaquen una vez y abran su mundo. "Viajar a hermosos destinos, conocer gente y explorar culturas distintas cambia nuestra manera de ver el mundo. Nos volvemos más tolerantes y eso tiende a llevar a más satisfacción en nuestra vida."

Algunos de los recuerdos favoritos de Lisa son llegar a un puerto por primera vez y prever lo que descubrirá ese día. Ésos son momentos que no olvidamos nunca y nos cambian para siempre. No obtienes eso cuando viajas de otra forma. "La conexión del mar con la tierra es una de las cosas que vuelven a un crucero tan especial y que crean un entorno único para descansar lo mejor posible."

Cuando se le pregunta por qué el sueño es un tema tan candente hoy en día, Lisa cita al presidente de Celebrity Cruises, Richard Fain: "El intenso ritmo de la tecnología nunca será tan lento como hoy, sólo se acelerará." Esto es cierto, concuerda ella, no sólo respecto a la tecnología, sino también en relación con todo lo demás. Cada vez trabajamos más duro, nos interconectamos más tiempo, hacemos más cosas y dormimos menos. Empleo, hijos, padres, amigos: hacemos malabares con todas estas cosas todo el tiempo. "No sé si esto dice algo negativo acerca de nuestra sociedad, pero indica que tenemos que prestar más atención a y priorizar nuestro descanso, meditación y sueño para que podamos controlar el estrés y recuperarnos de una manera sana. El sueño es vital para la recuperación y el bienestar emocional y físico."

En cuanto al aspecto monetizador del sueño, Lisa asegura que hay muchas oportunidades de negocios en ayudar a los demás. "La gente les paga bien a las niñeras nocturnas y los consultores de sueño. Millones de personas dependen de recursos para dormir, máquinas antirruido y más. ¡Y hay una razón de que la industria de los colchones y la ropa de cama tenga un valor de quince mil millones de dólares![7] Todos terminamos por comprender en un momento u otro que el sueño no es negociable en nuestra vida."

TOMA DOS PARA CREAR UNO

A veces hacer la vida más flexible —trabajar en casa, trabajar por cuenta propia, etcétera— nos da la libertad que necesitamos para priorizar otras áreas de nuestra vida. Sara Sutton Fell es la fundadora y directora general de FlexJobs, el principal servicio en línea para profesionales en busca de empleos que impliquen cortos trayectos de transporte, horario flexible y tiempo parcial o de trabajo por cuenta propia. FlexJobs ofrece a los buscadores de empleo una manera segura, fácil y eficiente de encontrar legítimas y profesionales oportunidades de trabajo flexible.

Lo esencial es que, gracias al trabajo remoto y las opciones laborales flexibles, la gente puede adaptarse mejor e integrar sus prioridades de manera fluida, evitando muchos de los posibles inconvenientes que surgen de esas circunstancias. Esas opciones también pueden llevar a una vida más sana y sostenible.

En una encuesta realizada por ese mismo servicio, se preguntó a la gente por qué le interesan empleos más flexibles. La encuesta reveló que desde 2013, las cuatro razones más reportadas de que la gente busque empleos flexibles son el equilibrio trabajo-vida (78 por ciento), familia (49 por ciento), ahorro de tiempo (46 por ciento) y estrés de transporte (45 por ciento).[8]

Sara cree que el verdadero equilibrio procede del equilibrio suficiente. Para ella, el equilibrio trabajo-vida no es un estado permanente o una meta final con un punto definitivo de destino. En su opinión, la representación visual de esto ha sido siempre uno de sus juguetes favoritos en la infancia, el Bongo Board.

"Para usarlo, la meta es tratar de mantenerse en equilibrio en o cerca del centro, pero inevitablemente, a causa de la forma en que el equilibrio y nuestro cuerpo operan, por lo general necesitas mecerte y moverte más a un lado y después al otro, aunque tratando de no perder el equilibrio demasiado tiempo, porque si no te caerás. La fluidez y la recuperación son importantes. Si lo haces bien, en teoría puedes mantenerte siempre igual, pese a que en estricto sentido no estés siempre en 'equilibrio perfecto'. Sólo tienes que estar *suficientemente* en equilibrio para que eso sea sostenible."

Si trabajar en casa o tener un empleo flexible parece un sueño inalcanzable, no tiene por qué serlo, es especial para quienes se incorporan apenas a la fuerza de trabajo.

Sara dice que los milenials —hoy la generación más numerosa en la fuerza laboral— crecieron en gran medida con la movilidad y flexibilidad que da la tecnología, así que están acostumbrados a comunicarse, aprender y colaborar en línea, de manera que ella ve que la integración del trabajo remoto ocurrirá a un ritmo cada vez más rápido. "Los milenials no creen que el trabajo deba hacerse en una oficina u horas fijas y es muy probable que busquen un equilibrio trabajo-vida y flexibilidad de horario, y no aborden el trabajo como la prioridad dominante de su vida."[9]

Ser capaz de concentrarse en la vida fuera del empleo y trabajar al mismo tiempo nos permite satisfacer necesidades más elusivas (como el sueño).

Otro gran beneficio de tener un empleo que se pueda hacer de manera remota o fuera de la oficina puede hacer la diferencia entre trabajar o no. De acuerdo con la encuesta de FlexJobs, eso incluye a los padres que permanecen en casa (16 por ciento), las personas que viven en áreas rurales o con desventajas económicas (15 por ciento), las personas con discapacidades o problemas de salud (14 por ciento), los cuidadores (9 por ciento) y los cónyuges de militares (2 por ciento).

Así, si debes concentrarte más en el sueño (el que, de acuerdo con los Centers of Disease Control and Prevention, uno de cada tres adultos estadunidenses no recibe en forma suficiente)[10], ¡tener un empleo flexible puede abrirte el mundo del sesgo que necesitas al mismo tiempo que sigues ganando dinero para pagar las cuentas!

De acuerdo con FlexJobs, desde un punto de vista financiero, los empleados remotos pueden ahorrar un promedio de más de 4,600 dólares al año, y el equivalente a más de once días al año por no tener que transportarse al trabajo. Y cuando se considera el bienestar general, noventa y siete por ciento de los encuestados dijeron que un empleo con trabajo remoto y/o flexible haría una gran mejora o tendría un impacto positivo en su salud y calidad de vida. Setenta y ocho por ciento dijo que esto le permitiría estar más sano (comer mejor, hacer más ejercicio, etcétera) y ochenta y seis por ciento dijo que estaría menos estresado.[11]

SEÑOR SANDMAN, ¡TRÁIGAME UN SUEÑO!

Jamás me he atemorizado ni llorado por una tontería cuando estoy descansada. Nunca le he gritado a alguien que amo o contestado bruscamente a un amigo o compañero de trabajo cuando he dormido bien. Sin embargo, es un hecho que esas cosas nos han sucedido a todos, cuando yo no he hecho del sueño una prioridad y he perdido la energía que todos necesitamos para funcionar en condiciones óptimas. Las ocasiones en las que he estado más saludable y me he desempeñado al máximo son aquellas en las que he hecho un esfuerzo por priorizar el sueño.

La consultora del sueño, Jenni June, dice: "Cuando despierto en la mañana después de haber dormido muy bien, es como si me sonriera a mí misma, porque siento que tengo el secreto mejor guardado del mundo. Me siento sobrehumana. Mi actitud, mi motivación y mi cuerpo parecen ilimitados."

Esto suena muy parecido a mi siempre feliz hijo de tres años. ¿Está tan contento porque duerme doce horas cada noche ADEMÁS de tomar una siesta a mediodía? Quizás. El sueño es mágico, misterioso, elusivo y crucial para estar bien sesgado. Aunque algunas personas no lo necesitan tanto como otras, no puedes negarte continuamente el sueño y funcionar a tu más alto nivel. Si dejas de seleccionar el sueño, los efectos serán perjudiciales para tu salud, personalidad y bienestar emocional. *MythBusters* dedicó un programa especial, titulado "Tipsy vs. Tired", para demostrar que manejar cuando se está privado de sueño es más peligroso que hacerlo bajo la influencia del alcohol.[12]

Entre más sepas del sueño, más sueño obtendrás.

Familia

Cuando experimentamos un drástico cambio y perturbación en nuestra vida, tener una estrecha relación con nuestra familia puede ayudarnos a superar esa experiencia.

DOREEN ARCUS, EXPERTA EN RELACIONES Y FAMILIA
EN UMASS LOWELL

La familia es maravillosa, difícil, necesaria y muy complicada. Algunos de nosotros nacimos en el seno de una familia, otros creamos o elegimos nuestra familia. Cualquier cosa que la familia signifique para ti, la dinámica es la misma: adorable, terrible, confiable y estresante, con ampollas y todo.

Formar parte de la familia Zuckerberg es todo lo anterior. Cualquiera que sea el Elige tres que yo escoja, la familia siempre me escoge a mí. Eso es lo que sucede cuando el apellido con el que naciste se convierte en una parte definidora de tu identidad. (El apellido Zuckerberg significa en alemán "montaña de azúcar", lo que supongo que explica mi gula interminable y mi gusto por los postres.) Hay casi siete mil personas con el apellido Zuckerberg en el mundo y, ¿quién iba a decir que nuestra pequeña familia (bueno, no tan pequeña; tengo tres hermanos, y entre nosotros tenemos cinco hijos) habría de ser la más famosa entre ellas?

Por un lado, soy muy afortunada en muchos niveles. Crecí con dos padres increíblemente cariñosos que siguen casados, aman a sus hijos y apoyan nuestros sueños. Mis padres manejaron horas enteras para asistir a cada concierto a *cappella* en el que participé, por lejos que estuviera. Hacer eso sentó el precedente de que, pasara lo que pasara, nos apoyaríamos unos a otros. Este lazo incondicional se fomenta ahora en mi propia familia; mi esposo y yo volamos recientemente al otro lado del país para asistir a la fiesta del cumpleaños número treinta de mi hermana, que duró apenas cuatro horas. Esto me ha seguido a diferentes países, como la vez en que salí de Australia para asistir al discurso de graduación de mi hermano en la Harvard University, sólo para volar de regreso a Down Under, horas más tarde. Mark salió temprano de una reunión con el *presidente Obama* para poder estar presente en mi debut en Broadway. Mis padres nos inculcaron el valor de #FamilyShowsUp y esto es algo que a diario espero poder inculcarles a mis hijos.

Por si fuera poco, me siento afortunada todos los días por haber conocido a un hombre, esposo y padre increíble, quien continuamente me inspira por lo mucho que pone a nuestra familia en primer término en su vida y se toma la molestia de incluir tanto a sus padres como a los míos en todo. Es un hecho que él tiene los mismos valores que mi familia me infundió.

Sobra decir que soy afortunada, bendecida y honrada (y todo lo demás que quieras) más allá de las palabras por haber tenido la excepcional experiencia de estar en el frente de batalla de Facebook, ser testigo del meteórico ascenso de mi hermano y ver convertirse el nombre Zuckerberg en sinónimo de innovación e industria. Llevar un apellido tan reconocido y respetado como Rockefeller o Winfrey es sencillamente asombroso. Todos los días me pellizco todavía.

Es importante tener personas en tu vida que estén a tu lado pase lo que pase. Como dice Doreen Arcus, experta en relaciones y familia en UMass Lowell y nuestra experta en familia, contar con personas que te apoyen en forma emocional y material es absolutamente esencial. Quizás algunas personas no tengan una amplia red que puedan arrojar para satisfacer esas necesidades, pero tal vez no precisen tanto de este tipo de apoyo como otras. Importa qué tipo de individuo eres.

Doreen se especializa en el desarrollo de los jóvenes y la manera en que crecen en el contexto social mediante la atención. Dice que cuando experimentamos cambios en nuestra vida, tener una estrecha relación con nuestra familia puede ayudarnos a superar una transición difícil. Debe haber alguien con quien podamos conversar y que nos diga: "Entiendo la circunstancia en la que te encuentras en este momento."

De todas maneras, la familia es complicada.

Para comenzar, es complicado trabajar *para* un hermano. Aquellos de ustedes que trabajan en una empresa familiar pueden identificarse con el costo que esto impone a una relación. Cuando un miembro de la familia es el jefe de otro —cuando se borran las líneas entre lo profesional y lo personal—, las cosas pueden ponerse delicadas.

En caso de que en este momento pienses sarcásticamente: *¡Uf! El universo no gira a tu alrededor*, Randi, no me escuches sólo a mí. Valoro la perspectiva de otra mujer que se desarrolla igualmente en el ámbito de la tecnología, tiene también las iniciales RZ y que causalmente trabaja, asimismo, para su hermano.

Te presento a Ruth Zive, vicepresidenta de mercadotecnia de Blueprint, compañía tecnológica en Canadá.

"Yo no diría que la decisión de incorporarme a la compañía haya sido difícil, pero la relación con mi hermano fue sin duda una complicación. Vencí mis temores porque sabía que el director de mercadotecnia sería un amortiguador entre nosotros. La oportunidad de trabajar en la compañía de mi hermano era emocionante para mí. Sé lo que él es capaz de lograr y quería formar parte de eso."

Nadie conoce los altibajos de trabajar con la familia más que yo. De acuerdo, quizá también los Jackson 5. Aun así, si creces con alguien, ¡lo conoces y conoces su idiosincrasia mejor que Google! ¿En realidad quieres trabajar con, para o cerca de esa persona? ¿Estás dispuesta a sacrificar tu relación —o, peor todavía, tu cordura— para ver a esa persona más de cuarenta horas a la semana y trescientos y tantos días al año?

Ruth hizo contacto conmigo sin previo aviso por correo electrónico. Recibo miles de mensajes cada día de emprendedores de todo el mundo en LinkedIn, Facebook e Instagram, ¡Ojalá tuviera tiempo para responder cada uno de ellos! Todos necesitamos una persona que nos conteste y crea en nosotros. Pero por desgracia, no hay tiempo que alcance en el día, así que la mayoría de esos mensajes quedan sin responderse. Sin embargo, Ruth llamó mi atención. Se presentó como colega tecnológica que compartía conmigo las iniciales RZ, que trabaja también para la compañía tecnológica de su hermano y que es mamá por igual (¡aunque ella tiene cinco hijos! #supermom).

Acepté conversar con ella por teléfono para recibir un poco de mentoría. Horas después de nuestra entrevista, ella hizo en mi nombre un donativo a Girls Who Code (la organización de Reshma que se mencionó en la sección sobre el trabajo), como muestra de agradecimiento por haber concedido un poco de mi tiempo a una persona que me había enviado un correo sin previo aviso. ¡Vaya! Nadie había hecho nunca nada semejante, así que en realidad esto le dio mucho realce a Ruth en mi mente. (Un consejo para aspirantes a emprendedores: ¡hagan lo que Ruth y nadie los olvidará jamás!)

Ruth tiene una gran historia. Vive en Canadá, donde responde directamente a las órdenes de su hermano, el director general de Blueprint. Me contó que su relación con él ha evolucionado desde que empezaron a trabajar juntos, hace tres años. Se ha fortalecido, gracias a que ella se siente apreciada como parte decisiva en la promoción de la visión de él. Y con un asiento en la mesa ejecutiva, se siente potenciada para aportar su voz y punto de vista.

Puedo afirmar que es extraordinario compartir una experiencia tan intensa con un hermano. Tengo la suerte de contar con espléndidas relaciones con todos los miembros de mi familia, pero la experiencia de estar en el frente de batalla de Facebook, de haber visto esa compañía desde dentro, es algo que sólo Mark y yo compartimos. Eso es lo que puede ser tan especial de trabajar en familia; es especial y diferente en un sentido que Ruth explicó a la perfección: "Paso en el trabajo de cuarenta a cincuenta horas a la semana. ¿No es increíble que pueda compartir eso con una de las personas más importantes en mi vida?"

Pero, ¿qué sucede si te entregas demasiado a la pasión de tu pariente? Ruth me explicó que ella compartía las pasiones de su hermano y que sintió que tomaba la decisión profesional correcta, pese a lo cual prestó mucha atención a no perder su identidad ni sus sueños en el proceso de trabajar para un hermano. Me dio la impresión de que tiene con él una relación laboral muy saludable.

Algo que también me gusta mucho de Ruth es que el trabajo es sólo un aspecto de su vida. Aunque adora su empleo (y desde luego a su hermano), su identidad se asocia también con ser madre, esposa, amiga, yogui practicante y viajera del mundo. Prevé que algún día querrá desempeñar un papel más protagónico en su carrera, pero por ahora se siente a gusto como actriz de reparto.

Como jefe de Ruth, su hermano le concede mucha libertad para determinar el curso a seguir en su departamento. Pero ése no siempre es el caso. Un escenario en el que un hermano es jefe de otro podría derivar en una terrible dinámica de poder, relaciones tirantes y tensión entre otros empleados. Es fácil dejarse llevar por la visión de quienes queremos. Deseamos apoyar a los miembros de nuestra familia en la realización de sus sueños y metas. Piensa en Brigitte Daniel, de Wilco Electronics, nuestra apasionada de la familia de Elige tres.

EL APASIONADO DE LA FAMILIA

Esta persona hace cuanto puede por elegir a la familia, ¡y lo hace más que la mayoría!

> Nunca he lamentado mi trabajo en Wilco. Creo de veras que trabajar en una empresa familiar es un privilegio y un honor.
> **BRIGITTE DANIEL,** VICEPRESIDENTA EJECUTIVA
> DE WILCO ELECTRONICS SYSTEMS, INC.

Brigitte es hija del fundador de una de las pocas operadoras de cable privadas de propiedad afroestadunidense que quedan en Estados Unidos. En 1977, el mismo año en que ella nació, su padre fundó esa compañía con cuatro mil dólares y un firme espíritu emprendedor. En la industria del cable se le conoce afectuosamente como el "último hombre" de Filadelfia. Sin embargo, la importancia de una compañía como Wilco significaba poco para Brigitte cuando era niña. "En ese entonces pensaba que la industria del cable era aburrida, poco creativa y simplemente una manera de ver televisión. No fue hasta que crecí que me di cuenta de la importancia histórica de estar en una industria que determina la forma en que la gente se comunica ahora y durante las generaciones por venir, de los sacrificios hechos para permanecer en actividad durante más de treinta años y de la significación comunitaria de crear un legado y dejar una empresa a las siguientes generaciones."

Cuando Brigitte se inscribió en la Georgetown Law School, se vio formándose de pronto en los desafíos de la industria de las comunicaciones, como había hecho su padre. "Cuando tenía veintiún años, perseguía vigorosamente el derecho de las comunicaciones y el arte de las prácticas de negocios en la industria de las telecomunicaciones. La industria que antes me parecía aburrida y ordinaria ahora merecía todo mi interés e incitaba drásticamente mis ambiciones."

Ahora Brigitte despierta cada día inspirada en el hecho de que su familia apoya su liderazgo. Ansía continuar el legado de Wilco y fortalecer su excepcional empresa familiar. Wilco le ha proporcionado una plataforma para crear, inspirar, tener impacto, estar en primera línea y triunfar. "Hay una cita en la que siempre pienso cuando se trata de tener éxito: 'Si no estás en la mesa, estás en el menú'. Wilco me ha provisto de un asiento en la mesa. Y es una mesa normalmente diseñada para muchas personas que no se parecen a mí."

Cuando Brigitte reflexiona en su trabajo sobre una empresa familiar, hay otra cita que le viene a la mente: "De los que reciben mucho, se requiere mucho". Para ella esto significa que una gran responsabilidad e intenso trabajo es lo que significa prolongar un legado familiar. En sus diez años en Wilco ha tenido muchos altibajos: contratos ganados y perdidos, relaciones creadas y terminadas. Pero sobre todo, Brigitte se enorgullece de saber lo que tienen, lo que crearon durante cuatro décadas, lo que poseen ahora como familia.

Lo que más le gusta de trabajar con su familia es la posibilidad y libertad de crear sociedades en torno de la tecnología, el acceso a la banda ancha y la necesidad de servir a comunidades poco representadas en el sector tecnológico. "Mediante mi papel como vicepresidenta ejecutiva de Wilco, hemos podido cerrar brechas tecnológicas, lo que ha impactado a cientos de miles de personas en Filadelfia, cerrado las brechas en el sector tecnológico de Filadelfia y creado accesos y puntos de entrada para quienes históricamente han sido excluidos de la tecnología, las comunicaciones y los medios de información."

Resistencia, comunicación y compromiso es lo que Brigitte piensa que vuelve tan fuertes a las empresas familiares. Para permanecer, crecer y tener éxito como familia en los negocios, se necesitan esos tres rasgos. Y para quienes consideran desempeñarse dentro del legado de la familia, Brigitte dice que hay otras tres cosas por considerar: primero, confirmar que la planeación de la sucesión ocurra pronto y se revise con frecuencia. Segundo, cuidar las finas líneas entre la mesa del comedor y la de la sala de juntas. Y tercero, mantener un consejo de asesores que no sean de la familia, algo muy importante para el crecimiento, la rendición de cuentas y la innovación.

Brigitte encuentra desafíos en el hecho de laborar en la empresa familiar. El fundador y director general (su padre aún) está justo al otro lado del pasillo y tiene el poder necesario para cambiar planes de un momento a otro, transmitir comentarios desagradables o conducir la compañía en una dirección que difiere de la que ella podría juzgar la más adecuada. "Básicamente, una empresa familiar puede ser complicada. En palabras del músico Frankie Beverly, 'es alegría y dolor, sol y lluvia'. En otras palabras, tomas lo bueno con lo malo, como en cualquier otra cosa, y sigues adelante. Pero en nuestro caso, al menos seguimos en marcha con nuestra familia. Ella está compuesta por las personas que amamos y que siempre tienen nuestros intereses en mente y en su corazón, y eso es magnífico."

Brigitte y Ruth coinciden en que antes de lanzarte a trabajar con la familia, debes estar consciente de que en este caso hay mucho más en juego que con un empleo fuera de la familia. Si las cosas marchan mal, las consecuencias serán mucho más complicadas. No puedes limitarte a atribuir los asuntos espinosos al ego del jefe. Ésa es una familia; ninguno de sus miembros puede portarse como un idiota, a la manera de alguien en quien se ha invertido poco. (Esto no quiere decir que debas invertir poco en tu jefe, pero es totalmente distinto cuando tu jefe toma decisiones malas o poco éticas y resulta que es tu PAPÁ.)

También está el asunto de mostrar tu valía. Tanto Ruth como Brigitte aseguran que hay ocasiones en las que han tenido que trabajar con más dedicación para mostrar su valía en la empresa. Ruth me contó que en algún momento se sintió presionada a demostrar que "merecía" el puesto que tiene, y que no se le había concedido sólo por nepotismo. Cuando tu mérito es cuestionado, el centro de trabajo puede resultar incómodo, e incluso hostil. Algunos compañeros temen incluso interactuar contigo, por miedo a que hagas de conocimiento de tu pariente de alto rango los asuntos que ellos te comentan.

Lo comprendo a la perfección. Es complicado cuando, hagas lo que hagas, se te sigue identificando y definiendo por el éxito de otro miembro de tu familia. Cada día se convierte en un lío entre estar increíblemente orgulloso de ese miembro de la familia y desear al mismo tiempo pasar siquiera *un maldito día* sin oír su nombre.

Cuando me fui de Facebook, sentí que el primer año la gente me veía como poco más que un cajero automático humano. *¿Una Zuckerberg? ¡Caray! ¡Llevémosla a cenar y tal vez abra la bolsa! Si nos acercamos a ella, introducirá nuestra sociedad de beneficencia en la fundación de su hermano.* Pero yo me he ganado mi propio dinero trabajando mucho y decido cómo gastarlo, ¡otra lección de la vida que me enseñaron mis padres, quiénes más!

Justo después de la universidad, cuando trabajaba en Ogilvy & Mather como subejecutiva de cuenta, mi mamá me visitaba ocasionalmente en Nueva York e íbamos de compras. Más específicamente, a comprar zapatos. Ella me compraba costosos pares de tacones: de Jimmy Choo, Stuart Weitzman, del tipo que yo veía en *Sex and the City*. Yo forcejeaba, ganaba treinta mil dólares al año en Nueva York y usaba uno de mis dos cheques de sueldo al mes para pagar la renta (hubo un mes en que no pude comprar una MetroCard y tenía que ir caminando a todas partes; por fortuna, ¡disponía de un armario lleno de zapatos de marca para ponerme!).

En ese entonces, los regalos de mi madre no tenían sentido para mí. Ella guardaba incluso las notas para que yo no pudiera devolver los zapatos y comprar otras cosas, como *comida*. Cuando le pregunté qué se proponía al comprarme zapatos de marca en lugar de pagar mi renta, me dijo que había decidido que yo debía abrirme camino por mí misma y ganarme la vida sola. Al mismo tiempo, quería darme una probadita de lujo para que yo supiera qué anhelar en la vida, por qué debía trabajar con esmero. Me enseñó a valorar el hecho de brindarme a mí misma cosas bellas cuando pudiera hacerlo, y su lección ha perdurado desde entonces. Es la razón de que me haya esforzado tanto por convertirme en la mujer que soy ahora y de que haya sido importante crear la vida confortable que tengo para mí, mis hijos y mi esposo, sin depender de nadie más.

Sé que es mi inseguridad lo que me hace estremecer cada vez que una asistente de vuelo me pregunta: "¿Zuckerberg? ¿Es usted pariente de...?", o que yo quiera esconderme cuando una recepcionista en un consultorio dice: "¡Señora Zuckerberg!" y siento sobre mí los ojos de todos los demás pacientes. Pero podría haber cambiado mi apellido cuando me casé y no lo hice. Estoy orgullosa de mi apellido y de mi familia, y orgullosa también de mis decisiones profesionales, de haber trabajado con un miembro de mi familia y de haberme retirado cuando llegó el momento de ser la protagonista de mi propia historia.

Hoy vivo en nueva york con mi familia inmediata y el resto de mi familia vive en California. La decisión de mudarme a la Gran Manzana se basó en alto grado en mi amor por la ciudad, mi pasión por las artes y mi deseo de estar en el centro de la acción. Pero una parte de ella se debió definitivamente al deseo de buscar mi propio espacio para forjar mi camino. Necesitaba espacio para respirar con el fin de concentrarme en mi esposo y mis hijos y formar nuestra pequeña familia como yo quería, fuera del escrutinio de un área monoindustrial como Silicon Valley. Por fin tengo la oportunidad de convertirme en la estrella de mi propia historia de vida, o de la obra teatral de mi vida. La mejor parte es que mi familia acepta, apoya y comprende esa necesidad.

La familia ha sido siempre una parte muy firme de mi identidad. Supongo que cuando hay cuatro hermanos, siempre se tiene compañía, alguien con quién jugar, así que nunca necesité muchos amigos. La familia estuvo siempre en el núcleo de mi vida social. Pero ¿y si no hubiera sido así? ¿Quién sería yo entonces?

Cuando estaba embarazada de mi segundo hijo, me volví un poco loca. En ocasiones me molestaba que mi esposo siguiera seleccionando tan seguido a la familia en su Elige tres. Si yo hubiera sido él, ¡habría huido! Así que ahí me tienes, llorando en el comedor junto a unos huevos demasiado cocidos. Gritando frente a sus regalos de helado o flores: "¿Parezco un perro para que me tires golosinas?" Sollozando frente a comerciales de Kodak. El embarazo no es para los débiles, hombres o mujeres. El aumento de peso, los cambios hormonales, el dinero que sale volando por la ventana. Comprendo por entero por qué algunas mujeres no quieren lidiar con todo eso.

CUANDO TU FAMILIA ESTÁ LEJOS

Más que nunca antes, hoy las familias están geográficamente dispersas. Es demasiado fácil caer en la trampa de la vida agitada y de "Ojos que no ven, corazón que no siente". He aquí algunas maneras de convertir a la familia en una prioridad en tu Elige tres, aun si está lejos.

UN GRUPO PRIVADO EN FACEBOOK. Mi esposo y yo tenemos nuestro grupo privado en Facebook, donde compartimos fotos y recuerdos. Cuando nuestros hijos tengan edad suficiente para estar en las redes sociales, les permitiremos sumarse. De esta manera, sin importar en qué parte del mundo estemos o qué tan agitados sean nuestros días, nos encargamos de darnos tiempo para compartir recuerdos.

TEXTOS GRUPALES. Compartir a diario tus ideas casuales con los miembros de tu familia mantiene a todos actualizados en la vida de los demás de una manera fácil y de contacto ligero.

CLUB DE LECTURA MENSUAL FAMILIAR. ¿Qué tal reunir a la familia en una videoconferencia una vez al mes para que todos sus miembros compartan sus reflexiones sobre un libro, artículo o noticia? Decidir hablar de algo neutral también puede aliviar cualquier drama o dinámica familiar.

PONER RECORDATORIOS EN LA AGENDA. Si descubres que pasa mucho tiempo sin que hagas contacto con tu familia, usa tu agenda para que te lo recuerde. Programa momentos regulares para conectarte con miembros de tu familia. Podría parecer extremoso convertir a tu familia en un elemento de tu lista de pendientes, pero vivimos en un mundo moderno. (Esto viene de la mujer que puso "Boda" en su agenda para no olvidar que se casaría ese día.)

ENVÍA CORREO REAL. No hay nada como recibir correo postal para poner una sonrisa en tu rostro. Personalmente me gusta usar apps que toman fotos de tu teléfono y las envían como tarjetas postales a personas en la vida real.

EL ELIMINADOR DE LA FAMILIA

La persona que ha tomado la decisión consciente de NO elegir
a la familia en su Elige tres.

> *Mi decisión de no casarme ni tener hijos fue cien por ciento*
> *mía. Podría haber hecho cualquiera de ambas cosas o las dos si*
> *hubiera querido. Pero no tenía el menor deseo de tener hijos, y*
> *aunque nunca he descartado por completo la idea de casarme,*
> *ya tengo cincuenta y cuatro años y sigo soltera... Obviamente*
> *eso no está en lo más alto de las cosas que creo que debo hacer*
> *antes de morir. No creo estar programada para querer cualquiera*
> *de esas cosas.*
>
> ELLEN DWORSKY, ESCRITORA Y EDITORA

Ellen Dworsky es alguien que no quiso lidiar con los altibajos de la familia. De hecho, se dio cuenta de que cuando tenía doce años no quería casarse ni tener hijos. ¡Qué maravilla
saber tan pronto qué es exactamente lo que quieres! Volvía a
casa después de haber cuidado al bebé de la vecina y le dijo a
su madre que jamás se casaría ni tendría hijos. Procedía de
una familia de clase media alta y su madre trabajó como en-
fermera durante la mayor parte de su infancia y adolescencia.
Se hacía cargo de dos hijos, trabajaba a veces tiempo completo
y otras medio tiempo, dependiendo de lo que necesitara como
esposa de un ejecutivo en la década de 1970. Incluso desde los
doce años, ése no parecía un camino que Ellen quisiera seguir.
No desear hijos le pareció siempre una parte innata de su ser,
como haber nacido con dos manos. Ellen es nuestra eliminadora de la familia.

Tuvo tres veces en la vida la oportunidad de casarse: una
vez a los diecinueve años, otra durante su veintena y una más

en su treintena. Y en una ocasión estuvo a punto de permitir que se le convenciera de tener un bebé. "Pero esas cuatro situaciones fueron tales que en realidad eso no ocurrió nunca. Como si dijeras: 'Seré piloto y trabajaré en una línea aérea', pero todo lo que haces es tomar un par de lecciones de vuelo. O quizás obtengas tu licencia de piloto, pero nunca busques empleo como tal. En otras palabras, dices SÍ a algo que en el fondo sabes que no ocurrirá, de modo que puedes decir sí a algo que nunca quisiste hacer de todas formas".

Ellen tiene una perspectiva grandiosa de la vida. Aunque en los últimos seis años ha tenido que batallar con la cistitis intersticial, es una lectora ávida (¡lee más de doscientos libros al año!) y tiene actividades creativas personales que disfruta enormemente, como hacer joyería con botones viejos; hacer tarjetas de felicitación con antiguos y efímeros bordados y piezas de joyería, y realizar diseño web. Es una escritora y editora profesional y tiene un grupo de creación literaria que inició hace diez años y sigue en marcha. Así que cuando alguien le pregunta si lamenta algo, su inmediata respuesta, antes de que siquiera termine de formularse la pregunta, es ¡NO!

"Tengo cincuenta y cuatro años y ya pasé la menopausia así que no existe la menor posibilidad biológica de que tenga un hijo, y nunca lo he lamentado. A veces me pregunto qué pasará cuando sea vieja sin haberme casado ni tenido hijos, pero nada garantiza que no haya acabado divorciada o que mi esposo no hubiera muerto antes que yo, ni que hubiera tenido que hacerme cargo de él y de hijos adultos. Nada garantiza tampoco que un hijo vaya a cuidarte en la vejez. Conozco a muchos hijos adultos que no quieren tener nada que ver con sus padres".

Fue tan claro para Ellen que no quería casarse ni tener hijos que nunca cuestionó su falta de deseo y nunca sintió que fuera una especie de problema que debiera resolver. Su ausente reloj biológico facilitó su decisión, y jamás le preocupó lo que otras personas pensaran de eso, aunque hubo un tiempo en el que *afirmó* que esperaría hasta los treinta y cinco para casarse. Sin embargo, ése era un medio para poner fin a la conversación cuando la gente le preguntaba sobre el asunto. Inconscientemente, no se sentía del todo libre (como adulta) para repetir lo que le había dicho a su madre cuando tenía apenas doce años.

"Veía esa posibilidad y pensaba: 'No, ése no es mi camino, haré el mío'. Y no es que haya tenido ejemplos en la vida real, así que abrí mi propio camino... No debes preocuparte de lo que los demás piensen de ti y lo que deberías ser. Haz lo mejor para ti."

Admiro de veras a Ellen por saber lo que quería, pero la verdad es que hay muchas mujeres que no saben si quieren tener hijos o que no están preparadas para ello o sienten que el tiempo se les agota. Tengo muchas amigas que han pasado por difíciles tratamientos de inseminación *in vitro*. He estado con amigas que han pasado por el penoso proceso de congelar sus óvulos, y por las consecuentes semanas de inyecciones, tratamientos y recuperación, sólo por la posibilidad de ampliar sus opciones y su tiempo para decidir. He tenido amigas que sufren devastadores abortos naturales, algunas de ellas en las últimas semanas de embarazo. Cada quien tiene su propio trayecto en lo que se refiere a la familia, y para algunos ese trayecto es más difícil, estresante o brutal que para otros.

Y esto no se reduce a las mujeres, o a las mujeres que no tienen hijos. Mi socia y su esposo tuvieron gemelos por vía subrogada después de múltiples y muy decepcionantes abortos e intentos fallidos de su donadora de óvulos.

Incluso en mi familia, sé que a mi esposo, que es hijo único y no tuvo hermanos, le habría encantado tener una familia más grande. ¡Le fascinaría que tuviéramos un tercer hijo! ¿Pero yo? Estoy indecisa. Tengo una carrera muy agitada. Tengo dos hermosos hijos. ¿Qué tal si tuviéramos un tercer hijo y todo se viniera abajo? ¿Pero qué tal si no lo tengo y al final lamento esa decisión porque habría deseado tenerlo? El problema es que en realidad no puedo darme el lujo del tiempo para estar indecisa. Ya sea que no tengas ningún hijo o diez, o que estés en tu cuarto matrimonio o seas sólo tú, la presión para tomar decisiones no termina nunca.

Sé que soy increíblemente afortunada y privilegiada de tener siquiera la posibilidad de decidir. Y lo maravilloso es que para todas las mujeres en esta situación, cualquier decisión es válida. Decidir NO tener un tercer hijo, o un segundo o cualquiera, es tan importante como decidir tenerlo. En ocasiones hay muchas situaciones más allá de nuestro control, más allá de la comprensión, que nos obligan a tomar decisiones difíciles cuando elegimos a la familia como una de nuestras categorías de Elige tres. Y a veces sencillamente sabemos que eso no es lo correcto para nosotros. (*Sólo en caso de que tenga ese tercer hijo, tú —el tercero— no fuiste jamás una mala decisión ni una pérdida de mi tiempo. ¡Te amo!*)

¿Qué pasa entonces cuando todo eso termina de un plumazo? Eso fue lo que le sucedió a Rebecca Soffer, hija única que consideraba a la familia el núcleo de su identidad. Rebecca se vio sola después de perder a su abuela, después a su madre —a la que consideraba su mejor amiga y quien falleció inesperadamente en un accidente automovilístico— y finalmente a su padre, quien murió un año más tarde de un infarto. ¿Qué sucede cuando *quieres* desesperadamente seleccionar a la familia en tu Elige tres pero NO PUEDES hacerlo? La vida ha sido así para Rebecca.

SOMOS FAMILIA... PERO POR LO PRONTO ESTAMOS PELEADOS

Los conflictos familiares son reales. Si justo ahora estás en medio de un drama familiar, he aquí algunas cosas en las que podrías reflexionar:

ESCRÍBELO. A veces escribir las cosas ayuda a articular mejor tus sentimientos para que puedas lidiar con tus emociones.

INVOLUCRA A UN TERCERO NEUTRAL PARA QUE AYUDE A SOSTENER UNA CONVERSACIÓN. Podría ser un amigo, un líder de una comunidad de fe, un vecino o un mediador oficial, pero pedir a un tercero neutral que conduzca una conversación ayudará a que las personas sean razonables y racionales y estén abiertas a escuchar otros puntos de vista.

HABLA CON UN PROFESIONAL. Sea un terapeuta, grupo de apoyo en línea o muchos otros recursos, esto es útil a menudo para desahogar tus sentimientos con alguien que no está personalmente involucrado con tu familia.

CELEBRA REUNIONES FAMILIARES EN TERRITORIO NEUTRAL. Quizá sea mejor organizar la cena de Navidad en un restaurante que en casa de uno de los miembros de la familia. Disponer la presencia de otros invitados o planear actividades puede ser útil y brindar a todos un terreno común para conversar.

EL RENOVADOR DE LA FAMILIA

La persona que topa con un obstáculo grave en su vida que le
obliga a reconcentrarse y reconsiderar la manera en que define
y elige a la familia.

> *Mi peor momento fue cuando me di cuenta de esto: "Ya no tengo*
> *hogar. Nadie me espera para el día de Acción de Gracias". Se lo*
> *dije al rabino en el sepelio de mi padre y él me dijo: "Es cierto,*
> *tienes que sentar nuevas bases. Sería absurdo disfrazarlo; debes*
> *hacerlo. Tienes que determinar cuáles serán tus nuevas bases y*
> *tenderlas". Ése fue el mejor consejo que recibí.*
>
> REBECCA SOFFER, FUNDADORA DE MODERN LOSS

Después de perder a sus padres a principios de su treintena,
siendo soltera y sin hijos, Rebecca fue capaz de renovarse por
completo y de adaptar su vida para ayudar a miles de personas que pasan por experiencias igualmente difíciles. Eso no
fue algo que se haya propuesto hacer desde chica; no fue una
niña que soñara con crear un sitio web dedicado a la pérdida
de tus seres queridos. Su meta era ser periodista. Trabajó varios años en *The Colbert Report*, pero cuando estaba ahí perdió
a su abuela y a su madre y su mundo se alteró por completo.

Comenzó a tener terribles trastornos de estrés postrau-
mático. Como hija única, su padre era el único miembro de su
familia que le quedaba, y le aterraba que le ocurriese algo. A
menudo manejaba durante varias horas para comprobar que
estuviera bien. Cuando su peor pesadilla se cumplió y él falleció, "pensé que mi vida había llegado a su fin", me contó entre lágrimas. "De veras creí que no me quedaba nada." A los
treinta y cuatro años de edad, era una huérfana. Se sentía des-
ligada de todo lo que conocía. Siempre había sido el tipo de

persona que se cercioraba de elegir a la familia. "Mi identidad se hizo trizas. Fue como si me dijera: 'Soy una persona de padres, soy una persona de familia' y de repente no tuviera ninguna de esas cosas."

Hizo uso hasta del último de los átomos de su cuerpo para no desplomarse. Tuvo que fingir que se sentía bien cuando contaba anécdotas divertidas en el trabajo. Pero sentía que actuaba. "Me costó mucho trabajo encontrar personas con las que pudiera entenderme para conversar de esto. La gente me preguntaba: '¿Cómo estás?', pero yo no quería sincerarme y decirle frente al garrafón de agua de la oficina que mi vida era un desastre. Aunque tenía muchos amigos, no sabían qué hacer para ayudarme."

Por un tiempo rechazó invitaciones a eventos que le eran muy difíciles de soportar. Me contó lo penoso que era para ella consultar sus cuentas de redes sociales el Día de las Madres y el Día del Padre, sólo para ver fotos de personas sonrientes con sus padres. "Pasaron muchos años y yo sentía rencor por las personas cuyos padres vivían. Dije 'no' a un par de invitaciones a bodas, porque no quería ver a un papá recorrer el pasillo. El Día de las Madres iba al parque a leer un libro."

Hoy Rebecca ha reconstruido su familia, con un esposo y dos hijos adorables. En verdad me inspiró durante nuestra conversación y me enseñó que toda situación —por difícil que sea— puede ser reconstruida desde las cenizas, reformada, renovada. "Encuentras a tu familia. Mis padres eran mis mejores amigos. Los extraño cada día de mi vida. Todavía me veo en situaciones en las que digo: 'Debería llamarle a mi papá y decirle eso. ¡Un momento!, ya no puedo hacerlo'. No conocieron a mis hijos, lo cual es muy difícil para mí. Sigo siendo una persona de padres, así que me intereso en los padres de las personas con las que me relaciono. He hecho un gran esfuerzo."

Ahora, a través del sitio web que inició, Modern Loss, Rebecca trabaja para ayudar a otros a sentirse consolados y en libertad de compartir lo que sienten cuando lidian con una pérdida. La muerte sigue siendo un tabú en nuestra sociedad. No se considera aceptable hablar de ella. "Esto es algo que te sucederá tarde o temprano. Nos sucede a todos. En algún momento perderás a alguien que amas. Lo que Modern Loss quiere es abordar ese tema ahora y ayudar a la sociedad a normalizar dicha conversación. No haríamos esto si tal cosa no nos sucediera. Esto se deriva de experiencias traumáticas personales."

Podría parecer inadecuado escribir sobre la muerte todos los días, pero cuando conoces a Rebecca, descubres que es la persona menos inadecuada que podrías conocer. Una bomba de brillo y optimismo, posee una sonrisa enorme y amable, una actitud radiante y alegre y una mirada cordial y bondadosa. "No creo que Modern Loss sea un sitio sobre la muerte; es un sitio sobre la vida. Tiene que ver con la resistencia y el optimismo. Tiene que ver con la persona que se queda aquí y lo que ocurre después de eso."

Si te identificas con esto, la principal conclusión que saco de haber hablado con Rebecca es que de todas maneras puedes seleccionar a la familia aun si, para los estándares tradicionales, no la tienes. Rebecca nunca dejó de considerarse una persona de familia, nunca dejó de escoger a la familia, sencillamente redefinió lo que la familia significa en su vida. Cuando dejó de tenerla, formó una en su compañía y la comunidad de Modern Loss. Y al final creó una nueva con su esposo y sus hijos.

Quizá tú hayas elegido este libro en medio de una situación difícil que te obligó a reconcentrarte y repriorizar. Si sientes que no lo resolverás nunca, que jamás podrás superar el dolor de ya no poder elegir las opciones de Elige tres que deseas, sigue el sabio consejo de Rebecca: "Pensaba que estaría triste cada minuto de cada día del resto de mi vida. Debes ver el bosque a través de las hojas, y la única forma en que puedes hacer eso es dar micropasos adelante y quizás un millón de pasos atrás. Cuando eso cede como la marea, muchas cosas buenas vuelven a la playa. Para mí, esto fue una socia en mi sitio web y mi esposo. Siento que mi madre me lo envió. Y mis hijos; nunca creí tenerlos. No diré cuándo o cómo sucederá eso, pero todo mejorará."

Si has tenido experiencias similares a las de Rebecca y perdido a tu familia, espero que también dispongas de una manera de renovar tu vida (y que acudas a Modern Loss en busca de un poco de apoyo). Existen muchos modos de extender nuestra familia más allá de nuestra sangre y ADN. Podemos cultivar grandes amistades y crear una nueva familia, como lo hizo Rebecca.

Podemos incluso elegir una carrera donde la familia sea tan priorizada que tus compañeros se conviertan en parientes de sangre. Sin embargo, a veces la familia no es tan estimada en el trabajo como debería. Estados Unidos es el único país desarrollado del mundo que no cuenta con licencia de maternidad ni de luto.[1] Y algunas compañías no priorizan la familia para nada, castigando e incluso despidiendo a padres que tienen que dejar de trabajar a causa de emergencias familiares.

CÓMO MANEJAR A UN JEFE QUE NO QUIERE QUE ELIJAS A LA FAMILIA

El trabajo y la familia suelen chocar, lo que podría conducir a altos niveles de estrés y frustración conyugal. En una encuesta sobre vacaciones familiares realizada en Alamo Rent A Car, la mitad de los trabajadores estadunidenses dijeron sentirse "avergonzados de tomar vacaciones" o culpables de planearlas y tomarlas. A causa de esto, esa encuesta reportó que la calidad de las vacaciones familiares se ve negativamente afectada. Cuarenta y nueve por ciento de los empleados estadunidenses creen que el beneficio más importante de viajar en familia es pasar juntos tiempo de calidad, pero cerca de dos tercios de las familias trabajadoras aseguran que dedican tiempo a su empleo mientras están de vacaciones, en tanto que la mitad afirma que esto se debe a que no quiere regresar a una montaña de trabajo. Más mamás que papás reportaron ese sentir (52 vs. 38 por ciento). Y por si fuera poco, más de uno de cada cinco empleados estadunidenses dijeron que se espera de ellos que se reporten, aunque la mayoría (53 por ciento) preferiría desconectarse del trabajo durante sus vacaciones familiares.[2]

¿Qué puedes hacer entonces para tener tiempo de calidad con tu familia cuando tienes un jefe difícil? Julie Cohen es una coach ejecutiva y fundadora y directora general de Work. Life. Leader., programa de un año de duración para quienes quieren transformarse profesionalmente. Ella es una experta en trabajo y estilo de vida que asesora a clientes acerca de todo, desde los pros y contras de cambiar de apellido después del matrimonio hasta la búsqueda de empleo durante el embarazo. Indica que manejar al jefe es complicado e importante. "Cuando las expectativas de un jefe infringen tu vida personal o tu tiempo con tu familia, es mejor abordar el asunto de inmediato, porque ignorarlo significa que él supondrá que no hay ningún problema. Y la constante frustración, cólera, fatiga o molestia no le permite a nadie operar en condiciones óptimas."

¡Cierto! ¿Cómo podemos hablar entonces con nuestro jefe sobre ese tema sin enfadarlo? "A menudo una conversación que exprese preocupaciones sobre el impacto del estilo/expectativas del jefe puede concientizarlo y poner fin a un impacto indeseado, o por lo menos reducirlo."

"Para concientizar a este respecto, solicita un poco de tiempo con tu jefe para hablar de rendir los mejores resultados para la compañía/organización y explica la manera en que trabajas mejor. Concéntrate en los resultados mutuamente deseados (productos de alta calidad, ideas creativas, análisis exhaustivo, etcétera) y explica cuáles son las condiciones ideales en las que puedes hacer eso. Enuncia tus preferencias y demuestra también que puedes ser flexible... pero insiste en que tu mejor trabajo tiene lugar en un periodo específico."

Pese a todo, en ocasiones un jefe podría mostrarse indiferente, lo que te devuelve al origen del problema. Sin embargo, sostener esa conversación es un buen punto de partida. "Si no tienes esa conversación, nunca estarás en posición de proponer una situación mejor. Lo ideal es que quieras llegar a algo cuando tu jefe es claro sobre la mejor forma en que trabajas; y puedes comunicarte con él cuando necesitas algo distinto de lo que te ofrece."

De acuerdo, pero resulta que leo este libro en las blancas arenas de Bora Bora y mi jefe me ha texteado y llamado veinte veces. Quiero que comprenda mis límites AHORA. ¡Auxilio!

"Otra forma, más encubierta, de abordar peticiones sobre tu tiempo libre es ignorarlas hasta la hora de la verdad o trabajando en un momento con base en tus preferencias. Prueba esto una o dos veces y ve qué pasa. Algunos jefes envían mensajes y comunican peticiones en horas libres porque ése es el momento en que trabajan y no necesariamente esperan una respuesta hasta la mañana siguiente, así como colegas en husos horarios globales envían mensajes y peticiones cuando trabajan pero es probable que no esperen una respuesta hasta un momento apropiado en tu huso horario. Experimenta con tu jefe la aplicación de ese método. Si es un problema, te lo dirá; si no lo es, verás que tienes más autonomía de la que pensabas."

Para quienes lidian con un jefe que se inmiscuye en el tiempo de su familia, pueden seguir el plan de ataque de Julie:

"Primero, evalúa el impacto que la conducta de tu jefe tiene en ti y en tu capacidad para hacer bien tu trabajo. Una vez que esto quede claro, habla con él para abordar directamente el problema. Procura presentar el asunto como 'algo relacionado con el trabajo' y formula tu inquietud como una mejora de tu capacidad para realizar tus labores con más efectividad.

"Segundo, sé específico para explicar lo que no funciona. Aparte de tener una conversación, es bueno que documentes tus preocupaciones tal como ocurrieron y que guardes correos o mensajes de voz relacionados con ellas. Lo ideal es que trabajes con tu jefe para remediar tus inquietudes, en contraste con caracterizarlo como 'el malo'.

"Tercero, si la 'mala conducta' no es algo que puedas abordar, busca a otra persona, quizás otro líder organizacional

o un profesional de recursos humanos, para que te ayude.
Desde luego que si la conducta es perjudicial para ti u otro,
o es ilegal, apártate de la situación y busca asistencia cuando
estés en un entorno seguro."

En suma, dice Julie, "'Basta ya' es algo muy personal,
dependiendo de lo que quieres y necesitas de tu trabajo. Una
ecuación por considerar es cuando el estrés, la frustración y/o
la molestia del trabajo se vuelven mayores que los beneficios
(dinero, disfrute y logros, por nombrar unos cuantos) que
experimentas. Este termómetro se basa en los valores, así que
cada persona debe decidir qué ésta dispuesta o no a intentar
para manejar a un jefe difícil."

Si tienes un jefe que no respeta sistemáticamente tu necesidad de tiempo con tu familia, tienes dos opciones: que-
darte y soportar la situación o, si está a tu alcance, buscar otro
empleo. No obstante, cuando se trata de la familia no siempre tienes opciones, en especial cuando un hijo está enfermo
o lesionado. Recuerdo que una vez llegué de un largo viaje que
había durado toda la noche, encendí mi teléfono y oí un mensaje de voz que decía: "Tu hijo acaba de entrar a urgencias.
VEN YA". (Por fortuna todo salió bien.) "Es un rito de inicia-
ción", me dijeron varias amigas que son mamás. Pero a veces
ser madre puede resultar tan complicado de manera inesperada que se convierte en una tarea de tiempo completo.

SE REQUIERE UNA CIUDAD

En ocasiones, cuando la vida nos juega un revés nos sentimos tentados a ponernos nuestra capa de superhéroes y resolverlo todo por nosotros mismos. Ya sea que se trate de la familia en que naciste, la familia que creaste o la de tu comunidad, quienes te rodean están ansiosos de ayudarte... si se los permites. He aquí algunas ideas para que recurras más a tu red de apoyo.

DILE A LA GENTE CÓMO PUEDE AYUDARTE. Un bebé, una mudanza al otro lado del país, el afrontamiento de una enfermedad, una aflicción inesperada o algo por el estilo son situaciones en las que la gente quiere ayudar, aunque quizá no sepa cómo hacerlo. ¿Quieres que la gente te lleve comida o te ayude con las compras? ¿Necesitas que cuide a un ser querido? ¿Precisas de cosas muy específicas? Dale formas tangibles en las que puede ayudarte.

DISTINGUE ENTRE AYUDA EFECTIVA Y POSIBLE. Sea que te recuperes de una adicción, te concentres en ser más sano o trates de vivir mejor y más felizmente, busca la ayuda de quienes te rodean. Únete a un grupo de apoyo para buscar terreno común con otros que pasan por lo mismo. Diles a tus seres queridos cómo pueden apoyarte y las cosas que no deben decir para no frustrar tus avances. Identifica a personas tóxicas en tu vida que no te apoyan y resuelve cómo amarlas a distancia.

CONTRATA A ALGUNAS PERSONAS. Es maravilloso tener cerca a tu familia cuando tienes un bebé, pero puede ser difícil hacerle comentarios a un miembro o pedirle que haga algo de otro modo. Es magnífico tener un compañero de cuarto que cocine, pero no si siempre hace platillos poco saludables que te impiden cumplir tus metas. Indaga si hay áreas de tu vida que te causan estrés y crean conflicto en tus relaciones con tus seres queridos. Después, determina si sería realista que reúnas el presupuesto necesario para conseguir ayuda profesional. En ocasiones vale la pena un poco de dinero extra para salvar tu relación con amigos o miembros de tu familia.

EL SUPERHÉROE DE LA FAMILIA

Esta persona se inclina hacia la familia para apoyar a un ser querido.

> *¿Lamento mi decisión de haber priorizado a mi hijo? NO. Pero admito que hay días y momentos en los que definitivamente extraño ese 'yo' en el trabajo. En determinado momento, todas las madres enfrentan esta encrucijada. A mí me ocurrió. Traté de priorizar lo que era importante en ese momento de mi vida. La razón fue que en cualquier momento podría recuperar una carrera remunerada; el banco no me extrañaría, la carrera podía esperar. En cambio, mi hijo me necesitaba a su lado, como su madre, mentora, amiga y ancla.*
>
> **RAMYA KUMAR,** PROMOTORA DE LOS DERECHOS DE LOS AUTISTAS, MADRE

Lamentablemente, para algunos la sala de urgencias no es un hecho pasajero. Aunque algunas situaciones han sacudido mi mundo durante cuarenta y ocho horas, algunos padres tienen que tomar decisiones difíciles y optar por volver de cabeza su vida para siempre a fin de adaptarse a las necesidades de su familia. Piensa en el caso de Ramya Kumar, quien fue una banquera profesional desde que se graduó con una maestría en administración de empresas. Ávida de éxito y de ascender por el escalafón corporativo a una velocidad vertiginosa, a Ramya acababa de ofrecérsele el puesto de vicepresidenta en el banco multinacional donde trabajaba cuando su hijo autista sufrió un revés y el terapeuta le recomendó pasar más tiempo con él, considerando sobre todo que respondía muy bien al excepcional y firme lazo entre ambos.

El esposo de Ramya asumió gran parte de las responsabilidades económicas de la familia para que ella redujera su horario de trabajo durante cuatro años, periodo en el que hizo malabares con su empleo, su vida personal y los constantes viajes a diferentes terapeutas y hospitales, tras de lo cual se percató de que era incapaz de dar el cien por ciento a su trabajo o a su hijo. Reevaluó sus prioridades de trabajo o hijo y su corazón supo qué debía escoger. Abandonó la fuerza laboral y se consagró a cuidar a su hijo todo el tiempo.

Decidir quedarse en casa y hacerse cargo de su hijo fue una decisión difícil tanto en lo financiero como en lo personal. Dejar una carrera que había formado parte de su identidad por tanto tiempo, que le había ganado respeto y conferido individualidad, fue duro. Pero las necesidades de su hijo pesaron más que todo lo demás. Aunque Ramya se siente realizada por lo que ha logrado en la vida y satisfecha con las decisiones que ha tomado hasta ahora, admite que todavía hay una batalla en curso en su mente. "He aprendido que mi identidad es lo que creo en mi mente que soy. De hecho, mi identidad evoluciona todo el tiempo. Dicho esto, cuando pienso en lo que me define en este mundo más que cualquier otra cosa, veo que es mi hijo."

La decisión de ser una superhéroe de la familia no ha carecido de desafíos cotidianos. Ramya batalla aún con su autoestima. Siente que tiene que ser productiva todos los días, para demostrar su importancia y valorarse. A veces termina por exigirse demasiado, lo que le produce ansiedad y estrés en mayor medida que cuando realizaba un trabajo remunerado. Tiene que sortear su desaliento y frustración y a menudo no sólo se siente culpable, sino que también cuestiona sus aptitudes. "Con esta opción, el riesgo de sentirse sola y socialmente aislada es muy grande. Llega un momento en que ansías sostener una conversación con una persona madura para no perder la razón. O te sientes rezagada mientras el mundo pasa indiferente a tu lado. ¡A veces te sientes inferior! El mundo se convierte, entonces, en un lugar mucho más alarmante."

Es un lugar alarmante por muchas razones, dice Ramya. Primero, cuando eliges a la familia como una carrera, vives en un empleo que dura todo el día y trabajas horas extra incluso en días festivos y vacaciones. ¡Y con el jefe más difícil de complacer! Además, el mundo a tu alrededor te trata de otra manera.

"De pronto se te hace sentir que no eres lo bastante apto para la sociedad moderna, ¡algo tan estereotipado! Quienes hemos decidido renunciar a nuestra carrera para criar a un hijo somos ridiculizados. El papel del ama de casa profesional está degradado, ya no se le ve como una actividad admirable. ¡Eso no hace mucho a favor de nuestra autoestima de suyo disminuida!"

Ramya se refiere a su hijo como su "gurú", porque le ha dado un pleno discernimiento filosófico de la vida. "La gente se lanza a la búsqueda de propósito en su vida e indaga ese significado en libros y con gurús espirituales. Mi gurú vive conmigo; sólo tengo que comprender sus métodos de enseñanza.

Me enseñó sin palabras que no soy perfecta. No puedo cambiar lo inmutable. No siempre puedo salirme con la mía, tengo que aprender a ser paciente y debo ver luz pese a que haya oscuridad alrededor."

Si Ramya no cuidara de su hijo, seguiría en busca de nivel social, continuaría enfrascada en la carrera corporativa, mientras que estar con su hijo le ha dado una nueva perspectiva de la vida. Le enseñó a detenerse y considerar más de cerca cada detalle y a sorprenderse con su belleza. Vive felizmente cada momento y aprecia las pequeñas cosas. Su hijo le enseñó que lo más valioso en su vida es... él.

Sin embargo, no todo se reduce a sacrificio. ¡Ser un superhéroe de la familia puede ser divertido! Ramya dice que te da una magnífica oportunidad para volver a vivir tu infancia al mismo tiempo que te conviertes en el mejor amigo de tu hijo. Recomienda brincar charcos, unirte a tu hijo en su alegría y compartir con él las cosas que hacías de niño. De esta manera consigues volver a vivir tu infancia y ésta es tu mayor recompensa. "Permite que tu hijo te lleve a su mundo mágico, experiméntalo con él. Ésta es una excelente oportunidad para librarte de tus inhibiciones, ver la vida a través de los ojos de tu hijo. Créeme: de pronto verás un significado totalmente nuevo en la vida y tu perspectiva cambiará por completo."

Es importante señalar que las mujeres no son las únicas que tienden al sacrificio. Ramya indica que ambos padres suelen tener al principio las mismas aspiraciones de familia, vida y carrera, pero que la vida se desenvuelve a menudo de otro modo, debido a situaciones personales, exigencias financieras, los sistemas de apoyo disponibles y muchas otras variables en juego. "Dado que las madres suelen ser vistas como las principales cuidadoras en casi todo el mundo, adoptan muy fácilmente ese papel, muchas veces en forma voluntaria."

Aunque es muy común que las mujeres terminen "pagando la culpa de ser madres" en el trabajo, ésta es una decisión muy personal que difiere de una familia a otra, dependiendo de las circunstancias. "Todos invierten, en general, su tiempo y energía emocional de acuerdo con sus prioridades. En la mayoría de los casos, el mío incluido, la situación presente me exigió ser el apoyo y ancla [de mi hijo], papel que adopté gustosamente. Esta decisión fue mía. Por tanto, en mi caso no procede la palabra 'sacrificio'."

Pese a que Ramya no fue un sacrificio para ella, reconoce que muchos padres y madres se sacrifican por su familia. Muchos padres que trabajan optan por adaptarse a las necesidades de sus hijos a expensas de su trayectoria profesional, y muchos más se ven obligados a elegir el trabajo sobre la paternidad o viceversa debido a sus finanzas, no por voluntad propia.

Resulta muy claro, no obstante, que Ramya está segura de haber tomado la decisión correcta para su familia, su carrera y su vida. "Fue una decisión difícil, pero la volvería a tomar el día de hoy, porque fue lo correcto para mí y para mi hijo."

Sé que esta historia resulta conocida para muchas personas, por todo tipo de razones. Cuando se tiene una familia, hay personas que dependen de uno, y esas personas tienen necesidades y están inmersas en situaciones y sucesos que escapan al control de todos o a su capacidad de predicción. En estas condiciones, uno asume por instinto un modo protector. A veces tenemos la suerte de que la crisis sea pasajera. Pero yo he hablado con muchos padres que han tenido que abandonar una carrera que les gustaba, mudarse a otra ciudad, buscar otra escuela, convertirse en promotores de una mejor atención médica porque de súbito tienen una nueva prioridad en la vida que no vieron venir. Si eres el superhéroe de tu familia, la única pregunta que puedo hacerte es: ¿tienes un superhéroe para ti? ¿Quién te prioriza y te cuida si te ocupas tanto en priorizar y cuidar a otros?

En este momento no estoy en condiciones de optar por quedarme con mis hijos todo el día, pero eso no significa que las cosas serán siempre así o que no cambie de parecer si surge una situación en la que sienta la necesidad de hacerlo. Admiro mucho a los padres que deciden permanecer en casa y elegir primero a la familia todos los días.

Lo único que sé es que todos los padres merecen nuestra gratitud, sea que estén en casa o en el trabajo o vivan en aeropuertos o en cualquier otra condición, y que agradecemos también a las inteligentes, increíbles y consideradas personas que trabajan por entretener a los niños.

EL MONETIZADOR DE LA FAMILIA

¡Alguien cuya carrera y misión presente gira en torno de crear productos para la familia!

> *Esta generación crece con el terrorismo como un aspecto de su vida diaria. Los niños están muy conscientes de lo que ocurre política y globalmente. Cuando estudiantes de primer año tienen ejercicios de simulacros en la escuela, debemos armarlos con superhéroes que los hagan sentir poderosos, brindarles contenido que les ayude con su resistencia y transmitir programas que los hagan sentir seguros. Hoy eso está en mi mente en todo momento.*
>
> HALLE STANFORD, PRESIDENTA DE TELEVISIÓN
> EN LA JIM HENSON COMPANY

Ayudar a otros a elegir la familia ha sido una profesión de mucho tiempo de Halle Stanford. Creció al lado de una mamá soltera y veía mucha televisión. Le encantaba la tele, en especial la dirigida a los niños. Esas historias y personajes la acompañaron cuando se sentía sola. Y entre más crecía, aún adicta a ver *Los pitufos,* incluso en la preparatoria, más quería crear cosas para niños que los hicieran sentir como algunos programas la hicieron sentir a ella. Se imaginaba que como madre contaría cuentos en la televisión. Actualmente, Halle es presidenta de televisión de la Jim Henson Company, donde desarrolla contenidos para unir a las familias, y donde tengo la suerte de trabajar con ella como coproductoras ejecutivas de *Dot.*

En Henson, Halle se dio cuenta de que cuidaba a cientos de miles de niños a través de su programación para la televisión. Las historias que crea despiertan ideas en los pequeños, lo que les ayuda a descubrir su pasión. Las familias ven en común esas historias, creando así nuevos recuerdos. Cada programa brinda amplias oportunidades a las familias y abre nuevos mundos a los chicos. "Quizá no vivas junto al mar, pero si ves un programa sobre peces de repente te sientes inspirado a aprender más."

Los niños son quienes tienen la mejor imaginación y como aprenden tanto de golpe, a Halle le divierte diseñar programas alrededor de cada nueva generación de preescolares. Para ella es un emocionante reto buscar historias que toquen a cada miembro del hogar. Y justo éste es el mejor momento para inspirar a la gente a ser más valiente y creativa. "Siempre nos esmeramos en desarrollar magníficas historias. Nos divertimos mucho. A nuestro alrededor hay mucha diamantina, cuernos de unicornios y duendes."

Un buen número de los hijos de los empleados de Henson han crecido en las instalaciones de la compañía. Algunos eran bebés cuando Halle empezó y ahora se gradúan ya de la preparatoria. Hay ahí una espléndida cultura de padres que involucran a su familia en las experiencias que ellos crean y producen. "Cuando queremos probar algo, como saber si a los adolescentes les gustan los programas con marionetas, usamos a nuestros hijos al momento de grabar los programas piloto. Ellos forman parte de la comunidad."

Halle involucra su maternidad y a sus hijos en todo lo que hace; piensa en lo que necesitan y cómo aplicar eso a un programa. "Hace tiempo desarrollé un programa sobre cómo a mi hijito le gustaba bailar. Pensé: *¡Vaya!, es un hecho que hemos estereotipado: la danza para las niñas*; así que desarrollé *Animal Jam*. Me encanta ver la tele con mi hijo mayor para hacer investigación."

Dice que le atrajo producir nuestro programa *Dot.*, porque prepara a los niños para vivir en la era moderna y ser buenos ciudadanos digitales; algo que está presente en la mente de todos los padres. "Siento que los padres quieren saber cómo pueden sus hijos vivir en este mundo. Les preocupa el futuro, vemos recursos limitados, vemos tiempos potencialmente aterradores, así que, ¿cómo podemos hacer que los niños comprendan y empaticen? ¿Cómo puedes proteger su inocencia y resguardarlos en el grupo de edad al que pertenecen? No tenemos que abrirles los ojos; ya los tienen bien abiertos."

Estoy muy agradecida de trabajar con Halle en *Dot.*, porque siento que crear algo que incluya a mis hijos es una especie de truco secreto de la vida. Cuando escribí el libro original *Dot.*, en el que se basa nuestro premiado programa de televisión, acerca de una niña muy hábil para la tecnología y las aventuras que corre, lo primero que tuve en mente fue a mi primogénito. Después, cuando hice la gira de presentación del libro, mi hijo se sentaba junto a mí y leía la historia en voz alta conmigo, lo que volvía mi trabajo mucho más disfrutable y significativo.

En la fiesta de lanzamiento del programa, mis dos hijos formaron parte del trabajo de mamá. Y sentí el orgullo que irradiaba el mayor cuando en un discurso le agradecí que me haya acompañado en mis viajes de *Dot.* (y en los propios).

Ahora mis hijos presumen a *Dot.* como si fuera su hermana bidimensional y aseguran que mi más reciente libro para niños, *Missy President*, es su favorito.

Ellos me han acompañado en muchos eventos de trabajo, desde la filmación de comerciales (¡ay del financiamiento universitario!) hasta el lanzamiento de mi cafetería para familias con tema tecnológico, Sue's Tech Kitchen, que yo no tendría en caso contrario. No hay sentimiento comparable al de ver que tus hijos se enorgullecen de tu trabajo y comprenden lo que haces. Las maestras de mis hijos me han dicho que siempre que tienen que escoger un libro en la escuela, ambos eligen *Dot.*, y exclaman para su grupo: "¡Es el libro de mi mamá!" No hay nada que se iguale a ese sentimiento, ¡así que gracias, Halle!

Lo único que veo es que cuando tu trabajo y tu familia combinan tan bien, podría ser un poco difícil separarlos. A veces mi hijo no quiere ir a trabajar a Sue's Tech Kitchen conmigo, sólo quiere pasar un poco de tiempo con su mamá. Otras, necesito tener una conversación adulta que no gire en torno a lo que diría *Dot.*, quien tiene nueve años. Y Halle y yo reímos mucho de que algunas personas en el ámbito del entretenimiento para niños se tomen tan en serio su trabajo que olvidan dar un paso atrás, sonreír y apreciar lo que hacen y crean. Así que si tú eres un monetizador de la familia en cualquier sentido, no olvides conseguir la saludable distancia que necesitas.

Con líderes como Halle al timón, yo no podría estar más emocionada con el futuro del entretenimiento para niños.

BUSCAR A LA FAMILIA A TRAVÉS
DE LA COMUNIDAD

La familia no sólo designa a quienes comparten tu ADN.
Familias combinadas, mixtas, de adopción y espirituales
son algunos de los tipos de amor familiar que podemos
experimentar.

En ocasiones, la unidad familiar tradicional es demasiado
complicada, tóxica o completamente inexistente, lo que lleva
a la gente a buscar una comunidad alterna que llene el lugar
de una familia. En estas circunstancias, muchos recurren a
comunidades espirituales o religiosas.

William Vanderbloemen es director general y presidente
del Vanderbloemen Search Group, empresa de búsqueda de
pastores que ayuda a iglesias y ministros a formar grandes
equipos. Le pregunté a William si creía que las comunidades
religiosas pueden llenar una necesidad para quienes buscan a
su familia en otra parte; me dijo que las instituciones religiosas
pueden ocupar desde luego el lugar de la familia.

"Hay muchas razones de que la gente busque
instituciones religiosas. A veces es un suceso de la niñez, una
gran festividad, un momento de crisis o la invitación de un
amigo. Pero la razón de que permanezca son casi siempre
las relaciones que desarrolla ahí." William reconoció que
después de trabajar con miles de grupos religiosos, ha visto
comunidades de personas no emparentadas entre sí que están
más unidas que muchas familias que él conoce.

Recuerda que lo que defines como familia no
necesariamente es la familia en la que naciste. Puede ser la
familia que creas, o la comunidad que te rodea, lo que te apoya
y concuerda con tus creencias. Si no obtienes satisfacción de
tu unidad familiar tradicional, busca otras comunidades, como
una comunidad religiosa o espiritual, que puedan llenar ese
vacío y proporcionarte un sentido de pertenencia.

Por eso William considera tan importante su trabajo. Cuando tiene que contratar un pastor, siente que contrata una familia, porque eso es lo que ese líder será para numerosas personas en la comunidad. "En los últimos años hemos dedicado mucho tiempo y dinero a aprender a entrevistar a una familia entera con fines de trabajo". Aunque sus clientes contratan a alguien para cubrir un puesto, William considera crucial que toda la familia se presente en la mesa, lista para servir a la comunidad con amor y fe.

SOMOS FAMILIA

Ojalá yo pudiera darte grandes consejos sobre cómo ser el padre o la madre del año, o incluso el hijo del año, al mismo tiempo que te concentras en tu carrera, pero estoy lejos de ser una madre, hija o hermana perfecta. La respuesta sincera es que en los días que escojo a la familia, hago una gran labor. Le llamo a mi mamá y tengo con ella espléndidas conversaciones. Me encuentro en FaceTime con mi abuela, que tiene noventa y tres años de edad. Priorizo pasar tiempo de calidad con mis hijos. Estoy presente, tanto en lo mental como en lo físico. Pero también tengo una carrera muy agitada, así que no elijo a la familia todos los días en mi Elige tres. No soy la mamá que pasa a recoger a sus hijos a la escuela todos los días y tiene lista la cena a las seis de la tarde. No soy la hermana que les llama a sus hermanos cada semana. (¡Veo lo que hacen en las redes sociales de todas formas!) Quizá tú priorizarías esto de otro modo, ¡y está muy bien! Por eso escribí este libro: porque *todos* priorizamos de diferente manera. No debe haber juicios acerca de quién hace qué, por qué, cuándo o cómo. Lo que importa es que lo haga.

Apenas la semana pasada fui a recoger a mi hijo a sus actividades después de clases. Para recogerlos en la escuela hay que seguir un protocolo: "Levanta la mano si vienes a recoger a alguien del basquetbol"; la mitad de las manos se alzan. "Levanta la mano si vienes a recoger a alguien de ajedrez"; se alza otra serie de manos. Y luego está "Levanta la mano si no te acuerdas en qué actividad está tu hijo y nada más estás agradecida de estar aquí". Una sola mano se levanta: LA MÍA. (En caso de que te lo preguntes, era basquetbol. ¡La mejor mamá del mundo está aquí, chicos!)

Muchos días estoy llena de culpa. Otros, me río de eso. Me gusta decir que soy una tecno profesional y una mamá amateur, pero francamente no tengo la menor idea de lo que hago. Ser mamá es la nueva empresa más difícil y de más largo plazo que he lanzado nunca. Cada día trae consigo un nuevo giro empresarial.

Todos tienen sus razones para seleccionar o no a la familia. De hecho, la propia palabra *familia* significa cosas diferentes para personas diferentes. Sea que priorices a la familia en que naciste, la que has formado con las personas que te rodean, la que creaste o una familia de propósito espiritual o comunitario, todos definimos la palabra *familia* en forma distinta. Lo que esperas de tu familia dentro de diez años podría ser muy diferente de lo que esperas ahora y, ¿sabes qué? Eso está muy bien. Si no priorizas a la familia ahora, no te sientas culpable y no permitas que nadie más proyecte sus valores en ti. Si priorizas a la familia, excelente también, sea lo que ella represente para ti. Y si estás en un momento difícil porque la vida te ha puesto en una circunstancia inesperada relacionada con la familia, debes saber que estás lejos de estar solo. Todos los seres humanos buscamos pertenecer porque, como humanos, *necesitamos* hacerlo. Pertenecernos unos a otros, a nuestros amigos, a nuestra familia y a nuestras respectivas culturas, sociedades, países y planeta.

La pertenencia es fundamental para la felicidad y el bienestar. Un estudio de la revista *Science* indica que los vínculos sociales refuerzan nuestro sistema inmunológico, nos ayudan a recuperarnos más rápido de enfermedades y podrían incluso prolongar la vida.[3] Quienes se sienten más vinculados con los demás tienen menos índices de ansiedad y depresión. Así que más allá de lo que la familia signifique para ti, todos tenemos mucho más en común en este tema de lo que probablemente crees.

Un propósito, un plan y responsabilidad es lo que se necesita para hacer del fitness un estilo de vida.

TONY HORTON, ORADOR MOTIVACIONAL,
EXPERTO EN SALUD Y BIENESTAR, CREADOR DE P9oX

Fitness significa cosas diferentes para personas diferentes. Para mí, fitness significa todo lo relacionado con la salud física y emocional. Muchas veces ambas cosas van de la mano y yo experimenté esto cuando entrené para un maratón. A la mitad de mi último año de universidad, sentí que todos tenían un empleo en espera después de la graduación... menos yo. No quería seguir la ruta clásica de la consultoría gerencial, la banca de inversión, la facultad de medicina o la escuela de derecho. Quería un empleo en una agencia de mercadotecnia o publicidad —empleos en los que por lo general no se recluta con varios meses de anticipación—, así que fui totalmente excluida del proceso de reclutamiento en el campus, iniciado mucho antes de que nos graduáramos. Aunque mi último año en la universidad fue uno de los más divertidos de mi vida, no pude menos que sentir un poco de inseguridad acerca de adónde me llevaría mi futuro. En la preparatoria, sabía qué me esperaba si obtenía buenas calificaciones, estudiaba mucho y entraba a la mejor universidad posible. Pero una vez que te gradúas de la universidad, el futuro se vuelve un ciclo interminable de expectación e incertidumbre.

Me puse a forjar redes como loca y a presentar mi solicitud en todos los empleos de mercadotecnia posibles, para lo que llamaba y enviaba correos a todos los exalumnos de Harvard que trabajaban en publicidad. Pero siempre era la misma historia: *Cualquier vacante debe ocuparse de inmediato. Si no puedes empezar a trabajar en dos semanas, búscanos después de que te gradúes. Adiós.*

Para no caer en neurosis, decidí que si era la única graduada de Harvard que no tenía un empleo en espera, elegiría otra meta por cumplir de la que pudiera sentirme orgullosa. Así que después de una larga noche de vino barato y comida tailandesa con mi amiga Susan, ambas decidimos inscribirnos en el maratón de Chicago.

Cuando no has corrido nunca antes, entrenar para un maratón parece un desafío interesante. El comienzo fue doloroso, sangriento, infernal. Yo no tenía idea de lo que significaba participar en una carrera de treinta kilómetros, perder una uña del pie o caer doblegada a un lado del camino después de llegar a la proverbial "pared". Pero me había fijado una meta y me apegué a ella. Para mi gran sorpresa, vi un rápido progreso. Conforme la distancia cubierta aumentaba, me sentía más fuerte. Tenía veintiún años y de súbito sentí que tenía un alto propósito que lograr, desempleada o no.

El maratón de Chicago tiene lugar a principios de octubre, así que supuse que pasaría el verano entrenando (y, ejem, viviendo con mis padres), correría el maratón y después me concentraría en buscar empleo. Pero, como dicen, hasta los mejores planes bla bla bla... así que claro, unos días antes de la graduación recibí la llamada de Ogilvy & Mather en la que se me ofreció un empleo. ¡Un empleo! ¡Dios mío! ¿La trampa? Me gradué un jueves y el trabajo empezaba el lunes, *o de lo contrario la oferta sería retirada.*

Ya había avanzado demasiado en mi entrenamiento como para dejar el barco. Ya había pagado la inscripción y el viaje a Chicago. Además, mi amiga Susan dependía de mí. Independientemente de la política de no reembolso del maratón, yo no podía fallarle.

¡Así que me presenté el lunes!

Intenté hacerlo todo. Cada día, durante cuatro meses seguidos, me levantaba a las cinco de la mañana, corría, hacía el trayecto en tren de una hora a Manhattan, trabajaba más de diez horas, hacía el trayecto en tren de una hora de regreso a casa, cenaba con mis padres y me desplomaba en la cama. Enjabona, remoja y repite. Estaba absolutamente exhausta y quería eliminar mi entrenamiento, pero un buen amigo marchista me dijo: "¡De ninguna manera! No dejes de entrenar un solo día. Aun si corres un kilómetro y regresas a casa, eso es mejor que nada. Si dejas de entrenar un día, será muy fácil que eches todo por la borda." Así que persistí y no dejé de correr en la oscuridad, bajo la lluvia, con un clima de treinta y dos grados con humedad que me hacía sentir como si fueran treinta y dos millones de grados. Una vez me deshidraté tanto que vomité a la orilla del camino. Estaba a varios kilómetros de casa y sin teléfono celular (¡era 2003!). ¡No tenía otra forma de regresar que correr! Era una chica en una misión.

Mi vida se centraba en entrenar y trabajar. (Aunque justo antes de que saliera a Chicago para el maratón, ¡fui a las primeras citas con quien sería mi futuro esposo! Pero ésa es otra historia...)

El fin de semana del maratón llegó al fin. Toda mi familia me apoyó, permaneció en la acera vistiendo camisetas que decían: CORRE, RANDI, CORRE. Era un día de veintiséis grados en Chicago, en absoluto ideal para correr cuarenta y dos kilómetros. Susan y yo nos habíamos pintado los brazos y las piernas y estábamos listas para emprender la marcha y saltábamos emocionadas sobre un pie y otro en la línea de salida... pero por algún motivo ése es mi último recuerdo real de la carrera. Sé que alguien en la marca de los diez kilómetros me gritó: "¡Ya casi llegas!", y quise sacarle los ojos. Recuerdo que había algunas personas con carteles de ¡ÁNIMO CUBS! reciclados como ¡ÁNIMO MARCHISTAS!, lo que me divirtió, considerando que no se trataba ni siquiera del mismo deporte —¿o acaso yo jugaba béisbol?—, sobre todo cuando el delirio se hizo sentir en el kilómetro treinta y dos. Topé con pared en el kilómetro treinta y cinco, así que Susan tuvo que devolverme a la realidad con matemáticas. "Randi, ¿cuánto es dos más dos? Si puedes contestar, ¡puedes seguir corriendo!" Por fin terminé, en cuatro horas y veintinueve minutos. Fui felicitada con una medalla, una capa metálica de plata y una cerveza (¿Cómo? ¡Bueno!).

Más allá de la pérdida de una uña del pie (¿una señal de que se es de hueso duro?) y de un dolor general que duró varios días, haber corrido ese maratón es uno de mis logros que más me enorgullecen. Lo más que yo había corrido antes de que empezara a entrenar habían sido quizá seis kilómetros, y eso es ser generosa. Entrenar me enseñó brío y disciplina y me dio la fortaleza mental para acometer cualquier cosa, por difícil que fuera. Y de no haber sido por mi amiga atleta Susan, especialmente en esas últimas millas, mi metas de fitness (¡y de vida!) quizá no se habrían vuelto realidad. ¡Todos necesitamos alguien que nos entrene!

Tony Horton, nuestro experto en fitness, es quizá más conocido por sus videos de ejercicios P90X, una serie que ha vendido un total de más de siete millones de copias y revolucionado por completo las rutinas de ejercicio en casa. Tony entrena a todos, desde celebridades hasta políticos (el vocero del Congreso Paul Ryan es un fan absoluto suyo). Además de ser una de las personas más graciosas que he tenido la oportunidad de entrevistar en mi programa de radio (se llama a sí mismo el "payaso del fitness en Estados Unidos"), Tony es carismático y entusiasta. Abandonó su sueño de una carrera actoral para convertirse en una de las personalidades del fitness más famosas de nuestro tiempo.

Tony se inició en una forma poco tradicional. En su tiempo libre, comenzó a entrenar a su jefe en 20th Century Fox, donde trabajaba como empleado en los estudios de Los Ángeles. Pronto se volvió indispensable para su superior, lo que derivó en recomendaciones, lo que a su vez derivó en su primera celebridad cliente, el ya desaparecido Tom Petty. Tony me contó que Tom Petty le llamó y le dijo: "Tony, me voy de gira. Tengo que ponerme en línea. ¡Ayúdame!" Tony elaboró de inmediato un régimen de ejercicios para poner a Tom en forma. "Lo subía a la bici y lo ponía a levantar pesas. Hizo su gira y desde entonces el teléfono no paró de sonar."

EL APASIONADO DEL FITNESS

La persona que siempre escoge el fitness y tiene el apoyo de su familia, amigos y comunidad.

Recuerdo que un día le dije a mi mamá: "'No volveré a hacer esto. Es muy difícil". Ella me dijo: "Está bien, no hay problema.

Démosle tres meses y veamos cómo te sientes". Y aquí me tienes, once años después y sigo adelante. Ella me conocía demasiado bien y sabía lo decepcionada que me sentiría si dejaba el deporte, y tenía razón. Pienso en el "¿Qué habría pasado si...?" todo el tiempo. Rodéate de las personas que quieren lo mejor para ti y que te ayudarán a conseguirlo.

LAURIE HERNANDEZ,
MEDALLISTA OLÍMPICA DE ORO EN GIMNASIA

Cuando Laurie Hernandez tenía apenas doce años, ocupó el lugar número once en la división júnior del clásico estadunidense. Años después, ganó el oro en el evento para equipos de gimnasia femenina en las Olimpiadas de 2016 y se llevó a casa la medalla de plata por su actuación en la barra fija. Ha pasado una década desde que se inició en la gimnasia y su vista sigue fija en el oro.

Los logros de Laurie van de haber superado una lesión de rodilla (que la tentó a dejar el deporte) a publicar un libro, *I Got This*, que fue *best seller* en *The New York Times*, pero los sacrificios que ha hecho por su pasión llegan mucho más lejos. "Comencé a estudiar en mi casa en tercer grado. A veces no te importa dejar la escuela pública y otras sí. En ocasiones habría querido tener más amigos."

Laurie también ha tenido que sacrificar sueño, otra de nuestras preciosas categorías de Elige tres. El sueño, crucial para el éxito de un atleta, es algo con lo que ella batalla. A causa de sus constantes viajes y del *jet lag*, la pérdida de sueño estuvo a punto de costarle su carrera. "Una vez estaba en la barra fija; me sentía cansada ese día, pero temía decirlo. Sólo quería cumplir mi labor sin hacer escándalo; casi me hacía sentir mal decir algo. Recuerdo que volé; caí de lado y me fracturé la muñeca. Necesité varias lecciones más para empezar a decir que estaba cansada cuando lo estaba, pero es un hecho que las cosas suceden por una razón."

La mayoría de la gente tiene que experimentar la sensación de estar en su máximo nivel, de lograr las mayores hazañas en su senda particular, como el hecho de que Laurie haya ganado una medalla de oro. No conoce otra cosa que pueda darle el júbilo que siente cuando hace lo que le gusta. Sabe que tendrá días difíciles, altibajos, pero el solo hecho de estar ahí, haciendo lo que siempre quiso hacer, es la mejor de las sensaciones. Ella recomienda a quien quiera obtener un logro semejante que se cerciore de hacer lo que le gusta: no puedes temer retirarte si estás en un curso de acción que no te hace feliz, pero si de veras quieres ser grande, debes perseguirlo con todo tu ser y no rendirte ni permitirte otra salida.

"Casi diría: 'No tengas un plan B', porque si lo tienes, es como si planearas no llegar hasta el final", me dijo. "Dalo todo, no pierdas la esperanza."

Físicamente, Laurie sabe que la vida puede ser difícil, pero para ella la adaptación mental es el aspecto más desafiante. "Es un hecho que a mi cerebro le gusta jugarme malas pasadas, así que me encargo de tener momentos de cuidado personal y de recordar que cuando practico mi deporte debo concentrarme en lo que hago y en nada más."

Laurie es una perfeccionista. Incluso su madre le dice que es muy dura consigo misma, en especial si tiene un día difícil. A veces tiene que recordarse que hay otras gimnastas que trabajan con ahínco y no han logrado aún lo que ella. Así que debe alterar su proceso mental para despejar su cabeza. También debe recordarse lo afortunada que es de contar con una familia que la apoya y una comunidad a su alrededor, personas que la alientan y que hacen sus propios sacrificios para que ella pueda alcanzar la excelencia y ser una apasionada del fitness.

Por lo que se refiere al lugar donde estará en los años por venir, dice que se concentra sobre todo en el trabajo, el fitness y la familia. En la vida futura podría cambiar hacia los amigos, pero como la mayoría de sus amigos son gimnastas y la gimnasia es su carrera, su familia y su vida, el fitness es obviamente la categoría dominante que elige todos los días.

Se empeña mucho en sus metas. "Esto me ha enseñado a afrontar el temor y probar nuevas habilidades. Examino lo que quieren enseñarnos y me pregunto: '¿Esto es legal? Es como de la *Guerra de las galaxias*, no creo que sea buena idea'. Cuando era más joven, siempre tenía miedo y no sometía a prueba las cosas; ahora sé que lamentaría no hacerlo. Tal vez me lleve un mal golpe, pero lamentaría no haberle dado a eso una oportunidad."

Me impresionan los atletas increíbles como Laurie y los sacrificios que tienen que hacer para lograr ese nivel de destreza deportiva. Pero mientras que el resto de nosotros quizá no ganemos medallas olímpicas (¡participación de trofeo en la FTW!), podemos forjarnos nuestras propias metas de fitness que nos hagan sentir igual de orgullosos (o casi).

Aunque el maratón de Chicago de 2003 fue el único maratón que corrí, mi entrenamiento me enseñó la importancia de tener micrometas diarias que conduzcan a algo importante con una sensación de logro y propósito. No puedes pasar de no correr en absoluto a correr un maratón mañana. Tienes que entrenar, avanzar e incrementar gradualmente la distancia que cubres cada semana. Desde entonces me he puesto grandes metas de fitness que quiero cumplir para fin de año, algo que se sienta audaz pero que en realidad, cuando lo desmenuzas en fragmentos diarios, resulta muy manejable.

En dos ocasiones me he fijado ya la meta de correr mil seiscientos kilómetros en un año calendario. Mil seiscientos kilómetros parecen una locura cuando consideras el total, pero cuando lo descompones resulta en alrededor de cuatro kilómetros diarios, o veinte a treinta minutos de correr, lo cual puedo manejar mientras me apegue a eso todos los días. Dejar de hacerlo un par de días significaría una carrera de diez a trece kilómetros el fin de semana, y de ahí mi motivación a aferrarme a eso.

Llevaba una bitácora diaria para que viera aumentar el número de kilómetros, lo que me daba una sensación de éxito, y esto a su vez alentaba mis relaciones profesionales y personales. El primer año en que me fijé la meta de mil seiscientos kilómetros (2012), corrí el último de ellos el 29 de diciembre. Al siguiente año que me puse esa meta (2016), concluí mi cuenta en octubre (!) y ajusté la meta a mil setecientos setenta kilómetros. Puedes hacer cualquier cosa si avanzas día a día.

No tienes que ser un atleta profesional para ser un apasionado del fitness. Por ejemplo, mi buena amiga Elizabeth Weil ha priorizado siempre el ejercicio. Ha competido en maratones, ultramaratones, carreras de Ironman, lo que quieras. Para ella, seleccionar el fitness es algo "no negociable" en su vida, e incluso conoció a su esposo mientras entrenaba para un triatlón. Le pregunté si alguna vez había descansado del fitness y dijo que sí, los días en que reposó en cama durante su primer embarazo. Así que siempre que te falte motivación para hacer ejercicio, piensa en Elizabeth, una ocupada ejecutiva de tecnología, madre de tres, que corre docenas de kilómetros a la semana... y deja el sofá.

LLEVA TU FITNESS AL SIGUIENTE NIVEL

¡Incluso a los apasionados les gusta mejorar su juego! He aquí algunas ideas para elevar tus metas de fitness:

PONTE UNA META MÁS ALTA (¡Y HAZ UN PLAN DE JUEGO!). Todos se fijan metas el primero de enero; para el primero de febrero, la mayoría de la gente ha tirado la toalla. Es magnífico que te pongas grandes metas, pero si no haces un plan de juego, nunca las alcanzarás. Divide tus metas en alcanzables planes de acción diarios/semanales. Rastrea lo que haces, ya sea en un diario manuscrito o en una app de tu teléfono (yo registro mis ejercicios en la app Notes). Trata de identificar posibles obstáculos para estar preparado cuando inevitablemente se presenten.

HAZTE ACOMPAÑAR DE UN AMIGO. Pedirle a alguien que te acompañe en tu experiencia de fitness vuelve mucho más probable que te apegues a ella. Muchos lugares ofrecen programas sociales o campamentos para ayudarte a lograr tus metas de fitness.

DEFINE TU MOTIVACIÓN. Requiere mucha disciplina persistir y cumplir cuando las cosas se ponen difíciles. Pero si tienes clara tu motivación —por qué quieres alcanzar esa meta—, es mucho más probable que conserves tu concentración y disciplina.

HAZ TUS METAS DE CONOCIMIENTO DE CUALQUIERA QUE TE ESCUCHE. ¿Te gustaría correr un medio maratón? ¿Aprender a hacer un pull-up? ¿Subir el Kilimanjaro? Si hablas públicamente de tus metas, tu red te hará responsable de que las cumplas.

NO DEJES TU DIETA. A veces lo mejor que puedes hacer por tu fitness general es hacer una completa revisión de tu dieta. Puedes pasar horas en el gimnasio todos los días, pero si no te alimentas sanamente, nunca verás resultados. Por desgracia, no hay un método unitalla para cambiar tu dieta. Busca un programa que te funcione y ve cómo un cambio de dieta puede acercarte a tus dietas de fitness.

EL ELIMINADOR DEL FITNESS

La mejor parte de no hacer ejercicio es que no me siento culpable por no ir al gimnasio, como me ocurría hacía unos años, cuando era una asidua. No extraño para nada el ejercicio.

LIZ WOLFF, FUNDADORA DE CURE THRIFT SHOP

En el extremo opuesto del espectro está Liz Wolff, quien se denomina "no ejercitante", término que inventó en respuesta a su extremo desagrado por el ejercicio. "Siempre aborrecí el ejercicio y las rutinas organizadas. No me gusta hacer ejercicio en forma convencional y no lo convierto en una prioridad en mi vida". No es holgazana ni insalubre, tiene un hijo de seis años y es dueña y gerente de una muy concurrida tienda en Nueva York.

Simplemente no tiene tiempo para hacer ejercicio, algo que sabe que es un pretexto demasiado común. Pero para ella han pasado al menos tres o cuatro años desde que tenía tiempo para hacer el tipo de ejercicio que disfruta. No se forzará a inscribirse en un gimnasio. "Vivo en Manhattan, así que camino varios kilómetros diarios, pero nunca tomo clases ni hago ejercicio en forma intencional."

Contra lo que suele pensarse, la decisión de ser no ejercitante no ha tenido ningún impacto en la vida de Liz. Se alimenta sanamente y mantiene en movimiento su cuerpo todo el día, en el trabajo y en casa. No se siente culpable por no ir al gimnasio ni avergonzada por decirle a la gente que *no* lo hace. "No le digo espontáneamente a nadie que prescindo del ejercicio, pero soy franca respecto al hecho de que es así. Aparte de algunos médicos, nadie ha reaccionado mal por mi falta de ejercicio. Si alguien lo hiciera, lo juzgaría raro pero no me importaría. Hay mucho más en mí que mi rutina de no hacer ejercicio."

Liz dice que la gente que pone el fitness en lo más alto de su lista de pendientes tiene diferentes prioridades y ambiciones. Si una persona quiere convertir el ejercicio en una alta prioridad (o no), su decisión personal es algo que a ella no podría importarle menos. "Mientras estés activo de otras maneras y te alimentes sanamente, pienso que estás bien. De igual modo, creo que hay mucho más en la vida que ser esclavo del gimnasio. Siempre que estés sano y, sobre todo, te SIENTAS bien, haz lo que sea mejor para ti."

Aunque no defiendo que alguien elimine por completo el fitness en su vida, hay muchas razones de que debas hacerlo temporalmente. Si has tenido periodos en los que has debido ser un eliminador del fitness o pasas ahora por uno de ellos, intenta visualizar un punto final de tal cosa. Pon un límite a cuánto durará esta fase. Si no hay un final a la vista, recuérdate por qué tuviste que eliminar el fitness y, si es por una razón de salud fuera de tu control, date permiso de hacer lo que debes ahora, a fin de recuperar tu salud para poder volver a seleccionar el fitness en el futuro.

Me gustaría poder decirte que con el paso del tiempo he terminado por estar en paz con mi nivel de fitness, figura, resistencia, etcétera, pero lo cierto es que esto es para mí una batalla constante. No siempre como bien cuando viajo, gano músculo (y por tanto peso) fácilmente y a menudo me veo en una apasionada relación de amor-odio con mi cuerpo. Recuerdo la primera vez que hablé en una conferencia de negocios, acerca de la política y las redes sociales. Cuando después vi los comentarios en línea, todos decían algo así como: "¡Qué brazos tan gruesos tiene! ¿Lo único que come son barras de Snickers?". Ésta es sólo una más de las desagradables realidades que existen para las mujeres en el trabajo: tu apariencia está sujeta a críticas en igual medida que tu rendimiento laboral. (Las mujeres ya logramos mucho en lo profesional, así que nada más imagínate cuánto más productivas seríamos si NO tuviéramos que pensar tanto en la estética. ¡Es increíble imaginar lo mucho que dominaríamos!) Agrega mi relación de amor-odio con mi cuerpo a la diversión adicional de estar embarazada dos veces y tendrás una vida entera de cuentas de terapia. Daría cualquier cosa por tener ahora el peso que tenía la primera vez que creí que estaba "gorda" en mi adolescencia.

Pero estar sana no debería reducirse a un número en la báscula. Tiene que ver con ser fuerte, ser lo mejor posible, tener la energía para dar todo, sea lo que fuere en lo que te concentres. Por eso el descubrimiento de mi truco de vida de micrometas de fitness ha cambiado por completo mi vida. Si no fuera disciplinada en esto, quizá sería una eliminadora del fitness más de lo que debo. Pero todos los días me pongo metas que me obligan a apegarme a él.

El año pasado, me puse la meta de cuarenta mil *burpees* en un año calendario. Ya sé que los *burpees* son terribles, literalmente lo peor. Pero también son un ejercicio muy eficiente e impresionante, y excelentes para alguien como yo, que viaja tanto, porque no necesito un bonito gimnasio o equipo, sólo una pequeña franja de piso, de ser posible previamente aspirado. Desde luego que cuarenta mil *burpees* parecen una locura, pero también en este caso el desglose equivale a sólo alrededor de cien al día (sí, nada más). Ésos son de diez a quince minutos de intensa actividad diaria, ¡menos del ejercicio recomendado promedio! Cuando lo ves de esta manera, una rutina diaria parece sumamente manejable. ¡Y claro que no quiero saltarme un solo día y tener que hacer doscientos al siguiente!

El gurú del fitness, Tony Horton, coincide con mi idea de fijar metas anuales, en contraste con las de corto plazo. "Para evitar aburrimiento, lesiones y estancamientos, hago que la gente trabaje siempre en sus debilidades. No hay nada peor que aburrirse mortalmente y que tus rodillas te maten. Tienes que abrirte a otros tipos de ejercicio."

Hacer ejercicio durante quince minutos o correr durante veinticinco todos los días podría no parecer gran cosa, sobre todo si se supone que dispones de treinta minutos de ejercicio al menos cinco veces a la semana. Pero cuando puedes decir: "Corrí mil setecientos setenta kilómetros el año pasado" o "Hice cuarenta mil *burpees* en 2017", suena muy impresionante. Una sensación de orgullo te impulsa a llegar más lejos en todos los aspectos de la vida cuando alcanzas un nuevo nivel de fitness. La posibilidad de trabajar hacia una meta a largo plazo en trozos pequeños y disciplinados te servirá en todo lo que hagas, personal y profesionalmente. Y dividir las cosas en micrometas asegurará un régimen diario de fitness aun si no tienes tiempo para escogerlo como una de tus opciones de Elige tres.

Este año mi meta es levantar 1,360 toneladas de pesas en el curso de un año calendario. Eso es todo... ¡Deséame suerte! ¡La necesito!

ÁMATE Y AMA TU CUERPO

¿Me alimento sanamente porque me quiero o me quiero porque me alimento sanamente?

TIM BAUER, ORADOR MOTIVACIONAL

En noviembre de 2010, Tim Bauer tenía más de noventa kilos de sobrepeso y por fin tomó la decisión de bajar esos kilos y recuperar su vida. Acababa de ser engañado por una dieta más y se fue a acostar sintiéndose tan culpable como siempre. Cuando despertó al día siguiente, vio una foto en Reddit de un señor que había bajado la misma cantidad de peso que él debía perder y eso lo inspiró. Por primera vez en años, decidió salir a dar un paseo.

"Llegué lo más lejos que pude antes de que perdiera el aliento por completo, hice una pausa de unos minutos y seguí caminando. Cuando regresé, respiraba como si acabara de llegar a la cima del Everest. Había dado un paseo de 212 pasos, como conté después. Pero ésta es la cuestión: no me morí. Y sentí que si no había muerto entonces, probablemente no moriría si volvía a hacerlo."

Antes de que tomara la decisión de bajar de peso, era desdichado. Había renunciado a la vida, el cual era uno de los factores que lo mantenían patológicamente obeso. Al parecer había tocado fondo en todas las áreas de su vida: su matrimonio se caía en pedazos, era incapaz de conservar un empleo y se sentía espiritualmente quebrado. Había sido un niño larguirucho y la comida se había convertido en una fuente de consuelo. Como sus padres trabajaban en el servicio de alimentos, lo único que siempre había en casa, en los días buenos y malos, era comida. Doritos se convirtió en su mejor amigo y envases de medio litro de helado eran su novia en la preparatoria.

Todos los hombres mayores de treinta y cinco años en la familia de Tim habían sufrido infartos. Él parecía destinado a seguir el mismo camino. Me contó que cuando llegó a su etapa de mayor obesidad, sentía con regularidad dolores de pecho. Después descubriría que se trataba de agruras, pero entonces se aterró. Cada vez que sentía algo en el pecho, suponía de inmediato que tendría un infarto, como les había ocurrido a todos sus parientes antes que él. No sólo eso; también era prediabético, con un colesterol demasiado alto. La experiencia de ir al médico se asemejaba a la de presentarse en la dirección de la escuela para que lo regañaran por un terrible reporte después de ausentarse todo el año.

Era fácil asociar su decepción de sí mismo con su peso. Se sentía mal por haber perdido el control, lo que lo lanzaba a una espiral de vergüenza en la que tomaba malas decisiones de salud, lo que a su vez lo volvía más desdichado. Parecía que no podía hacer nada. Pero el día en que dio ese paseo, todo cambió. En ese momento tomó una primera pequeña decisión de practicar un poco de cuidado personal, quererse, valorarse y darse permiso de ser feliz. Esa pequeña acción se convirtió en motivación, lo que derivó en movimiento y esto en amor por sí mismo.

La principal motivación para el cambio llegó cuando Tim tomó por fin la decisión de dejar de contentarse con vivir a medias. En el pasado, cuando había tratado de perder peso, se había desanimado después de cierto momento, pero esta vez se concentraba en sus kilogramos de más uno por uno y sólo presumía cada kilo. "Al final, en poco más de un año, bajé cien kilos. Perdí otros diez en la remoción de piel holgada" (la cual fue televisada como parte de *Skin Tight*, de TLC).

Uno de los aspectos más desafiantes de bajar de peso fue asistir a eventos sociales. Tim inició su aventura justo antes de la temporada vacacional de fin de año, así que eso significó llamar con anticipación a los hogares donde pasaría las fiestas para pedir permiso de llevar su propia comida. "Todos me apoyaron, aunque en realidad yo no soportaba la idea de

comenzar engañando. La comida era una especie de adicción
para mí y no me sentía capaz de moderarme".

Cuando ahora se ve en el espejo, no reconoce todavía a
quien ve ahí. Le sorprende que las mujeres le presten atención,
aunque no se siente diferente como persona. Sus mejores
amigos que lo conocían antes y después le dicen que sólo ha
cambiado de apariencia. "Hay veces en que noto todavía que
me comporto como una persona patológicamente obesa:
sudo frío cuando tengo que atravesar una sala llena de gente,
me cubro los brazos cuando me toman fotografías (algo que
solía hacer cuando pesaba doscientos kilos, para evitar que
mi vientre apareciera) y aún siento un temor irracional por los
asientos de avión."

El éxito de Tom en el control de peso se tradujo en
éxito en el trabajo. Los ingresos de su compañía aumentaron
casi cien por ciento en el año posterior a su pérdida de peso.
Esto lo atribuye a un mayor nivel de energía, y a que la gente
lo tratara de otra manera. "Con mi nuevo cuerpo era más
probable que me escucharan que con el antiguo, y que me
tomaran en serio (antes asumía automáticamente el papel de
payaso a la Chris Farley). Mi mejor amigo me dice a diario que
le da mucho gusto que siga siendo la misma persona con cien
kilos menos y estoy orgulloso de eso."

Aunque él atribuye ese cambio a su apariencia, me atrevo
a decir que es probable que su cambio de comportamiento
—la seguridad en sí mismo—influyó para que los demás lo
trataran de otra forma. Cuando te tratas como basura, no es
de sorprender que los demás sigan tu ejemplo; pero cuando te
tratas como una persona que importa, que vale y que persigue
un gran propósito, los demás te tratarán de la misma manera.

Lo más importante que alguien le haya dicho a Tim tuvo
lugar dos semanas después de que inició su aventura de pérdida
de peso, cuando un amigo se enteró de lo que quería hacer.
Le ayudó a ver lo que sucedería con resultados sistemáticos y

le explicó que para el siguiente día de Acción de Gracias, si se concentraba en bajar un kilo cada semana, podría haber bajado más de cincuenta. "Fue la primera vez que alguien me miró a los ojos y me dijo: 'Creo en ti'. Así que el primer consejo que le daría a cualquier persona es que busque alguien que le dé ánimos."

En otras palabras, rodéate de partidarios, no de personas que sólo tienen buenas intenciones. Si tus amigos no pueden ayudarte a cumplir tus metas, rodéate de otros que lo hagan. Y esos "otros" pueden adoptar también la forma de podcasts o libros. Tim admite: "Algunos de mis mejores promotores de pérdida de peso fueron increíbles autores y oradores a los que no he visto nunca en mi vida."

Tim describió que tanto en la pérdida de peso como en la vida profesional, es fácil que la magnitud de una meta nos abrume. "Es como cuando les digo a mis hijas que limpien su cuarto; miran a su alrededor y ven un montón de ropa en una esquina, una pila de cartas de Pokémon en la otra y juguetes en una más y levantan los brazos y dicen: '¡Es demasiado! ¿Por dónde podríamos empezar?' Yo les digo: 'Comencemos con ese par de calcetines, luego colguemos esos pantalones y después recojamos esas cartas'... ¡y un poco después el cuarto luce perfecto!"

Lo principal de la metamorfosis de Tim ha sido la forma en que le ha permitido acercarse a sus hijas, en sentido literal y figurado. Hoy pueden sentarse en sus piernas sin que su vientre se lo impida. Pueden abrazarlo cuando él las estrecha. Pueden llevarlo al parque y correr y jugar y no tener que preocuparse de que se le inflame la rodilla o le duela la espalda. "Al amarme a mí mismo, les enseñé a hacerlo también y aprendí a amarlas de verdad."

Cuando le pregunté si es feliz ahora, dijo que sí, más que nunca. Si elegiste este libro porque necesitas motivación y aliento para permitirte seleccionar el fitness un poco más, el consejo de Tim es que cuides de ti mismo pero no asocies tu

felicidad y autoestima con un número en la báscula. No caigas
en la trampa de decir: "Si pudiera bajar veinte kilos, sería feliz."
Disfruta del viaje tanto como del resultado, y date permiso de
sufrir reveses. Tim reconoce: "No soy perfecto y sé que nunca
lo seré, pero me acepto. Soy paciente con mis errores y gracias
a eso no me he desviado de mi meta de peso más de dos kilos."

El año pasado, para recaudar fondos para Broadway Cares, sociedad de beneficencia que ayuda a compensar gastos de salud de actores de Broadway que sufren enfermedades como VIH/sida, convencí a dos fantásticos entrenadores, Brian Patrick Murphy y Michael Littig, de hacer trescientos *burpees* conmigo en Facebook Live en Mark Fisher Fitness (el mejor gimnasio DE LA HISTORIA: disfraces de unicornio más fitness intenso más melodías de Broadway; se abundará en esto más adelante). Nos pusimos una banda en la cabeza, medias hasta las rodillas que decían BUCK FURPEES y camisetas que decían NEVER MESS WITH A GIRL WHO DOES *BURPEES* FOR FUN. Admito que fue brutal, y en vivo nada menos, ¡pero al final hicimos 325 *burpees* en cuarenta y cinco minutos! El hecho de que la gente nos viera en vivo nos motivó mucho. También significó que tuviera que tomarme los dos días siguientes ¡debido a mi severo dolor de espalda!

En la preparatoria fui la capitana del equipo de esgrima. Una locura, ¿no? Admito que al principio lo hice porque era algo teatral; todos se baten a espadazos en las obras de Shakespeare, así que parecía un deporte con el que podía identificarme (¡*en grande!*). Segundo, el equipo comenzó en mi segundo año, así que todos eran nuevos en el deporte; yo podía integrarme sin tener que ponerme al corriente con personas que llevaran varios años practicándolo.

¿DEMASIADO OCUPADO PARA HACER EJERCICIO? PRUEBA ESTOS REMEDIOS RÁPIDOS

A veces estás demasiado ocupado para elegir el fitness en tu Elige tres. Por fortuna, el fitness no es un juego de suma cero. He aquí algunas maneras de elegirlo aun si no puedes concederle mucho tiempo:

5 MINUTOS PARA UN GRAN EJERCICIO. Quienquiera que te haya dicho que no es posible hacer un buen ejercicio en cinco minutos nunca probó mi reto "50 burpees en 5 minutos". Alta intensidad y poco tiempo resultan en ejercicios muy populares. Hay miles de videos en YouTube, apps de fitness y tutoriales que te ofrecen un ejercicio en muy poco tiempo.

DOBLE TAREA. ¿Tienes que hacer una llamada? Camina y habla. Te sorprenderá lo rápido que acumulas unos pasos aquí y unos pasos allá.

RUTINA MATUTINA. Unos cuantos movimientos de yoga o sesenta segundos en la tabla pueden ser el inicio de cualquier rutina matutina.

INVIERTE EN TU CADERA. Inscríbete a una clase, contrata un entrenador, compra nueva ropa deportiva. Haz una inversión que no quieras desperdiciar.

PROGRÁMALO PARA MAÑANA. Deja de castigarte y prioriza para mañana. Esto es lo maravilloso de Elige tres: puedes cambiar tus opciones todos los días.

Con el esgrima tenía la ventaja secreta de ser zurda, lo cual quiere decir que aprendí a enfrentar a los diestros porque practicaba con ellos todo el tiempo, pero cuando me llegaban diestros en competencias no sabían qué hacer con mi imagen especular, porque practicaban en su mayoría con otros diestros. Así que ascendí rápido, ganaba competencias y en mi último año fui la capitana del equipo.

¿El único inconveniente de ser una zurda que enfrentaba a diestros que no tenían idea de qué hacer contra mí? Era que me alcanzaban por todas partes con sus floretes. Estaba literalmente cubierta de moretones: codos adentro, en el cuello, en las piernas, ¡al grado de que me vestía de manga larga aun en la temporada de calor! Los utensilios del esgrima te cubren la cara y el torso, pero eso no detenía al tembloroso y confuso diestro con una dura espada de metal. #Ouch!

Sin embargo, unas cuantas contusiones (está bien, más que unas cuantas) no son nada en comparación con las devastadoras lesiones y retos que algunos atletas profesionales deben vencer.

EL RENOVADOR DEL FITNESS

La persona que desea elegir el fitness pero que, debido a un incidente inesperado, ha tenido que replantearse el deporte de su elección.

> *"Confinado a una silla de ruedas" es una frase popular que siempre hace que se me revuelva el estómago. Yo y muchos otros en silla de ruedas no nos sentimos confinados de ningún modo, sino que vemos la silla como una herramienta que nos ayuda a triunfar.*
>
> AARON "WHEELZ" FOTHERINGHAM,
> CAMPEÓN DE MOTOCROSS EN SILLA DE RUEDAS

Es increíble cuántos atletas inspiradores hay en el mundo que hacen que nuestros reveses —trátese de una lesión o nuestra orientación a metas— parezcan nada. Piensa en el campeón de motocross en silla de ruedas (wcmx) Aaron "Wheelz" Fotheringham, quien nació con espina bífida, un defecto de la médula espinal que resultó en la inutilización de sus piernas, pese a lo cual Aaron decidió que las haría funcionar.

Aaron estuvo consciente desde su más tierna edad de que era un poco distinto, pero que eso no era malo. Sentía que tenía algunas ventajas sobre sus amigos. Cuando ellos paseaban en bicicleta por el vecindario, él dejaba sus muletas y tomaba su silla de ruedas para acompañarlos. "Siempre hice todo lo posible por poder hacer cualquier cosa que hicieran los demás niños."

Recuerda la primera vez que fue a una pista de patinaje con su hermano y su padre. Por lo general, sólo se sentaba y observaba detrás de una cerca, pero esta vez sus familiares lo exhortaron a bajar las rampas con su silla de ruedas. "¡Fue muy difícil! Las primeras veces me caí... y me lastimé las muñecas. Creo que la razón de que lo haya intentado de nuevo después de ese accidente fue que me di cuenta de que no era tan malo como lo había imaginado, y creo que en adelante mi adrenalina pudo más ¡y lo único que yo quería hacer era aterrizar!"

¡Y vaya que aterrizó! Aaron ha ganado desde entonces varias competencias de wcmx e incluso se ha llevado a casa el oro en algunas competencias bmx de estilo libre. Ha progresado tanto en su dominio de la silla de ruedas que incluso ha logrado en ella el *doble salto mortal* hacia atrás, lo que lo llevó a presentarse con Nitro Circus, el colectivo deportivo que desafía a la muerte. Sin embargo, uno de los logros que más le enorgullecen (aparte de haber saltado una megarrampa y haber cruzado una brecha de quince metros en su silla, ¡Dios mío!) es haber ayudado a otros, en especial niños y jóvenes, a ver su silla como algo para divertirse, no como un dispositivo médico restrictivo. "Todo está en la forma en que ves tu silla o 'restricción'. Yo siempre digo: 'No sufro de espina bífida, ¡sufro de mí!'"

Aaron se ganó su apodo wheelz en la secundaria, porque siempre atravesaba súper rápido los pasillos y bajaba a saltos las escaleras. Sus compañeros lo llamaron "Wheels" y él cambió la s por la z. "El mayor error que se comete al pensar en las personas que están en silla de ruedas es ver ésta como una prisión", dice. "No permitas que el miedo dirija tu imaginación. Siempre da miedo estar en lo alto de una rampa, pero tienes que visualizarte teniendo éxito y mantener una actitud positiva, ¡y pienso que esto se aplica a todas las metas grandes y aterradoras!" Éste es un magnífico consejo para cualquier industria, carrera o decisión de estilo de vida, con megarrampa o sin ella.

Aunque ha obtenido numerosos premios, las habilidades de Aaron en la silla de ruedas no han llegado todavía al nivel que él quisiera. En la actualidad intenta dominar nuevos trucos, como el doble salto mortal (¡vaya!). Y en cuanto al wcmx, contribuye a su desarrollo inspirando y alentando a gente de todo el mundo a divertirse con su silla de ruedas en pistas de patinaje. ¡Usen cascos y protecciones, por favor! (Sí, tengo dos hijos, obviamente.)

El temor suele ser nuestro peor enemigo cuando se quiere intentar algo nuevo. Así se trate de poner un negocio, acudir a una entrevista, enviar el currículum propio o hacer un doble salto mortal hacia atrás en la silla de ruedas, nuestro temor puede ser lo que nos impide intentarlo. O bien, es lo que nos lleva al fracaso, porque dudamos tanto en los últimos momentos antes de tomar una decisión que caemos de cara.

Recuerdo lo asustada que estaba de poner mi propia empresa. Me preocupaba cometer un gran error. El miedo me decía que no estaba a la altura, que no era lo bastante lista...

(llena los demás blancos que quieras) para valerme por mí misma. Me había paralizado de tal forma que cuestionaba mis talentos y atacaba mis primeras decisiones importantes como jefa de mí misma. Pero como Aaron, una vez que me percaté de que mis fallas no eran ni por asomo tan graves como mi temor quería hacerme creer, me sacudí el polvo e hice mi doble salto mortal hacia atrás.

Ahora que suscribo la teoría de Elige tres de hacerlo todo, descubro que el miedo no ha desempeñado en mi vida un papel tan importante; de hecho, ni siquiera es un personaje incidental, es más bien como el extra que podría formar parte del rollo B. Cuando sólo puedes elegir tres categorías, como en Elige tres, no queda una ranura libre para escoger el temor. Como dijo Aaron, cuando te visualizas como una persona triunfadora y mantienes una actitud positiva, puedes cumplir tus metas, sean cuales fueren.

A veces nuestras metas no son saltar una brecha de quince metros en silla de ruedas, terminar un maratón o despertar en la mañana para correr un tramo corto. En ocasiones ni siquiera tienen que ver con nosotros. A veces terminamos optando por el fitness en apoyo a la Elige tres de un ser querido.

EL SUPERHÉROE DEL FITNESS

Esta persona se sesga hacia el fitness en apoyo a un ser querido.

> *Sé que hay una posibilidad limitada de que Scott envejezca, así que por lo pronto debemos concentrarnos en su carrera. Cuando deje de correr y competir, podremos hacer más énfasis en mi carrera.*
>
> JENNY JUREK, ENTRENADORA Y ESPOSA
> DEL ULTRAMARCHISTA SCOTT JUREK

Jenny Jurek es la fundadora y principal diseñadora de Rain or Shine Design, marca de ropa para exteriores. También es la jefa de equipo y entrenadora de su esposo, un ultramarchista profesional.

Scott Jurek rompió en 2015 el récord de velocidad en la senda de los Apalaches —tras cubrir la ruta de 3,490 kilómetros en cuarenta y seis días, ocho horas y siete minutos—, con el apoyo de su esposa. Jenny conoció a Scott durante su propia trayectoria atlética. Se conocieron cuando ella empezaba a correr en Seattle. Se hicieron amigos y pertenecieron al mismo equipo de carreras durante ocho años antes de que comenzaran a salir como pareja. "Para cuando nos juntamos en 2008, yo ya era una ávida corredora y había corrido muchos ultramaratones, entre ellos una carrera de ciento sesenta kilómetros."

Cuando Scott corre o acomete una aventura larga de varios días, como la senda de los Apalaches, la labor de Jenny consiste en reunirse con él en múltiples lugares durante el día y ser su equipo de apoyo itinerante. Cuando se reúnen, ella reabastece sus botellas de agua, le suministra nuevos alimentos energéticos deportivos, le cambia el equipo, le da de comer y hace smoothies: lo que te imagines. Cuando él vuelve a la carrera, Jenny consigue gasolina y víveres y se desplaza al siguiente punto de reunión. En la noche hace de cenar, lo revisa en busca de algún malestar, repasa los mapas y planea las escalas del día siguiente. "Somos un equipo y él me apoya tanto en nuestra vida diaria que me alegra apoyar sus metas. La nuestra es, sin duda, una relación de beneficio mutuo. Cuando no participa en una carrera, me ayuda a perseguir mis sueños. Compartimos muchas de las mismas pasiones, así que apoyarlo es siempre una aventura divertida."

Por supuesto que Jenny tiene sus propias metas. Era una ávida escaladora de roca antes de que empezara a correr. Todavía tiene grandes aspiraciones como montañista y elevadas metas atléticas, que nunca han desaparecido. Scott apoya sus sueños y juntos han tenido grandes aventuras de montañismo.

Dado que ella conserva su carrera como diseñadora de ropa (además de tener su propia compañía, trabaja por su cuenta como diseñadora de ropa deportiva y otros tipos de productos para compañías como Patagonia, Salomon y Brooks), es capaz de combinar su estilo de vida con su trabajo mientras ayuda a Scott. "Todo se reduce a hacer malabares con nuestros horarios. Siento que puedo mantener mi identidad mientras apoyo a Scott. Él es muy respetuoso de mi desarrollo personal y nos damos tiempo para ambos."

Incluso para las personas comunes y corrientes, que no corren cientos de kilómetros ni rompen récords Guinness, el fitness puede ser una increíble forma de convivir y apoyar a un ser querido. Quizá tú animas a un miembro de tu familia que participa en una carrera recreativa de 5K. O podrías ver a tu hijo de seis años ascender a una cinta de nuevo color en el tae kwon do (¡algo que yo hice orgullosamente hace poco!). Podrías apoyar a un amigo en un evento deportivo universitario, o sentar un precedente de fitness en una nueva relación romántica, lo cual será algo importante en tu Elige tres de por vida.

¡Puntos de más si también puedes participar! ¡Sabes que me encanta que seas capaz de lograr dos de tus metas de Elige tres al mismo tiempo! Así sea dar un paseo o correr, o tomar lecciones de un deporte como el golf, el esquí o el tenis, participar en el fitness con un ser querido es una excelente forma de mantenerse saludable y crear recuerdos. Participar en actividades de fitness con la pareja te permite elegir el fitness Y la familia al mismo tiempo.

Cuando escojo el fitness, cuando priorizo mi salud, cuando me siento bien con mi cuerpo y mis logros físicos, hago mejor

TODO. Soy una mejor mamá, una mejor pareja, una mejor jefa y una mejor amiga. Crezco profesionalmente. Pero como ocurre con casi todo en la vida, cuando se trata del fitness tienes que conocerte. Yo sé que fijar grandes metas y dividirlas en micrometas me prepara para el éxito supremo. También sé que buscar la intervención de otras personas me ayuda a ser responsable, me obliga a priorizar el fitness, aun cuando todo lo demás en mi vida tenga que pasar a segundo plano.

Lo bueno es que aun si no tienes nadie a tu lado que te haga responsable, la tecnología puede darte ese apoyo. Hay muchas apps útiles, divertidas e incluso fáciles de portar para el seguimiento de la salud y el fitness, así como dispositivos que nos ayudan a mantenernos motivados, rastrear nuestro progreso y perseverar en la tarea. He descubierto que usar un Fitbit es muy útil para disponer de ese empujón extra de motivación para salir a caminar. Una vez yo iba en nueve mil pasos y tenía que salir a un evento, y mi hijo se ofreció a poner el Fitbit en su muñeca y dar vueltas conmigo en nuestro departamento hasta que llegara a diez mil, todo ello por el bajísimo precio de un dólar. Ése no es exactamente el caso de un rastreador de salud, pero es adorable. ¡Y podría haber un negocio de verdad en ayudar a otras personas a cumplir sus metas de fitness! Por suerte, vivir en Nueva York y no tener automóvil equivale prácticamente a tener un podómetro integrado a tu estilo de vida.

Aparte de mi Fitbit para hacerme responsable, tengo la fortuna de estar bajo la tutela de un increíble entrenador en una de mis obsesiones de fitness favoritas, Mark Fisher Fitness.

EL MONETIZADOR DEL FITNESS

¡Alguien cuya carrera y misión presente gira en torno de crear productos para el fitness!

> *Creemos en, hemos formado y seguiremos trabajando para crear una COMUNIDAD.*
>
> BRIAN PATRICK MURPHY,
> ENTRENADOR EN MARK FISHER FITNESS

Si recuerdas mi anterior meta de *burpees*, también recordarás el fantástico gimnasio donde inicié mi entrenamiento. Hay muchos monetizadores de fitness —gimnasios, entrenadores personales, cursos, ropa deportiva, etcétera—, pero debo decir que Mark Fisher Fitness es uno de los lugares más divertidos y excepcionales que haya visto nunca en esta industria. Desde disfraces hasta confeti, diamantina y listas de juegos basadas en espectáculos, todo esto entra en acción al mismo tiempo que la gente cumple serias metas de fitness. MFF (también conocido como El Club Ninja Encantado de la Gloria y los Sueños) se ha vuelto parte integral de mi vida, y de la de muchos otros neoyorquinos también.

He entrenado ya durante más de un año con Brian Patrick Murphy, entrenador, gerente de ventas y autoproclamado ministro de la fe en Mark Fisher Fitness. A Brian y a mí nos encantan las pesas y hacemos más *burpees* de lo que debería ser legal, pero también reímos mucho y nos divertimos a rabiar. Le pregunté si podía definir qué vuelve tan especial a MFF como lugar para entrenar y sitio de trabajo y cómo ha contribuido eso a su éxito.

Me respondió que lo que vuelve imprescindible a MFF es su comunidad. "'Comunidad' es ya una palabra y tendencia de moda en la industria del fitness, pero nosotros ocupamos la vanguardia de ese movimiento."

La comunidad es algo de lo que no pueden preciarse muchos gimnasios. Piensa en la última vez que fuiste a hacer ejercicio. ¿Cuántas personas te saludaron? ¿Cuántas sabían tu nombre? En Mark Fisher Fitness todos conocen a todos y les dan ánimos (a veces incluso lanzando diamantina sobre ellos), así que la motivación procede de la unión. De hecho, todos los ejercicios comienzan con una pregunta que todos los presentes responden, lo que fomenta de inmediato una sensación de vínculo personal, amistad y espíritu de equipo.

Brian encarna a la perfección el lema de MFF: "Personas divertidas, fitness en serio." A menudo se le ve en el gimnasio vestido de rosa de pies a cabeza mientras motiva a la gente a cumplir sus metas de fitness más allá de lo que soñaba posible. Dice que el trabajo en equipo y los resultados no pueden alcanzarse sin un tercer ingrediente, que no se ha mencionado hasta ahora: un corazón infinito. "Creo que eso es lo que vuelve especial a una comunidad. No somos perfectos, pero tenemos un corazón infinito y nuestros ninjas lo sienten y lo creen."

¿Qué es un ninja?, preguntarás. Algunos gimnasios llaman clientes a sus miembros, otros los llaman usuarios. MFF los llama ninjas, lo que no hace sino contribuir a la diversión y la comunidad. Brian me confió un pequeño secreto: los ninjas se han convertido en la principal estrategia de mercadotecnia de MFF. "Las asombrosas experiencias y la manera en que la gente se siente por formar parte de esta comunidad es con mucho nuestra estrategia de mercadotecnia más efectiva, algo que se difunde de boca en boca."

¡NO OLVIDES ESTAS ÁREAS DE FITNESS!

Sé que he dedicado mucho espacio a hablar del fitness físico, pero el fitness por sí mismo es una categoría muy amplia que incluye la salud y el bienestar. No te olvides de estas otras importantes áreas:

ESPIRITUALIDAD. Sentirte en contacto con algo superior a ti es clave para la salud y el bienestar.

ALERTA. Muchos ejecutivos de éxito tienen una práctica diaria de meditación, atención o respiración. Disponer de un medio para el control del estrés es beneficioso en más maneras de las que podrías imaginar.

NUTRICIÓN. Recuerda que tu cuerpo es tu verdadero hogar. No alcanzarás una salud y felicidad máximas sin nutrirlo apropiadamente.

AGUDEZA. Mantén tu cerebro vivaz y mentalmente estimulado. Si realizas una tarea repetitiva o has llegado a una edad en la que empieza a fallarte la memoria o te abstraes fácilmente, busca actividades, apps y juegos para preservar tu agudeza mental.

GRATITUD. Escribe una nota de "gracias", da una vuelta a la mesa del comedor para decir lo que agradeces o dedica treinta segundos a sentir gratitud. Esto hace maravillas. (¡Yo te agradezco que leas mi libro!)

En Mark Fisher Fitness, el éxito es definido por las personas. Hay personas maravillosas entre los empleados y entre los ninjas, quienes ayudan a transformar vidas a través del fitness, que se vuelve adictivo. "La parte favorita de mi trabajo es ver a la gente transformar su vida. Tengo la suerte de vender membresías y entrenar a ninjas a diario. Veo llegar a personas comprensiblemente aterradas que transforman su vida. Desde su primer día aquí, me siento honrado de formar parte de cada paso de su camino. Todos los días recibo tarjetas, correos y artículos de ninjas que me agradecen que haya cambiado, e incluso SALVADO, su vida." ¿Cuántos gimnasios pueden decir que hacen eso por sus miembros?

Aunque Mark Fisher Fitness alienta los disfraces, capas, cuernos de unicornios, música ruidosa, arco iris, pintura con diamantina y luz neón, Brian asegura que la idea más falsa acerca de este gimnasio es que es *demasiado* frívolo. "Nuestro enfoque del fitness es muy serio y estamos consagrados al ejercicio y nutrición de vanguardia. Nuestro equipo de fitness es notable. Obtenemos resultados del siguiente nivel."

Esto despertó mi curiosidad, porque el fitness es un área que combina salud interior y apariencia física. ¿Los monetizadores exitosos del fitness sienten alguna presión para conservar una magnífica figura y lucir espléndidos todo el tiempo? Le pregunté a Brian si se siente obligado a seleccionar todos los días el fitness porque es su trabajo, pese a que todos tenemos días de descanso. Me dijo que la presión que siente procede de él mismo. "Mi principal valor es ser un líder. Creo que un primer gran paso del liderazgo es dirigir con el ejemplo. Así que independientemente de cómo me vea, cuánto pueda levantar o lo rápido que pueda correr, mi liderazgo procede de presentarme una y otra vez durante muchas semanas, meses y años."

También me dijo que para otros, "estar en forma" significa cosas diferentes. "Estoy seguro de que para muchos profesionales del fitness, yo no estoy en gran forma. Pero para muchas personas del común, quizá yo esté en lo que podrían percibir como una 'forma inalcanzable'."

Para Brian, la verdadera respuesta es sí y no. "Si yo dejara mañana la industria del fitness, seguiría siendo responsable de lo que soy ahora." No siente la necesidad de competir con los jóvenes profesionales en ascenso. No le preocupa que sus colegas sean más fuertes o estén mejor que él. Su presión y responsabilidad son con él mismo, de ser la MEJOR versión posible de sí. "Como haces algo es como haces todo. Quiero mantener la norma más alta en todo sentido."

Como dice Tony Horton: "Tu propósito debe ser hacer mejores cosas en la vida y sentirte mejor en tu treintena, cuarentena, cincuentena y más allá."

CUANDO OPTAR POR EL FITNESS ES MÁS QUE IR AL GIMNASIO

Claudia Christian quizá sea más conocida por su papel como la comandante Susana Ivanova en la serie de televisión de ciencia ficción *Babylon 5*, pero su principal trabajo consiste en hablar del alcoholismo y cómo tratarlo. Como reveló en su libro *Babylon Confidential*, Claudia luchó de los treinta y siete a los cuarenta y cuatro años con un trastorno de consumo de alcohol y sentía la presión de mantener su apariencia para continuar en la profesión de su elección: la actuación. "Rogaba que tuviera trabajo, porque mi disciplina me impedía beber en el trabajo o antes de trabajar, así que suponía que si tenía un empleo permanecería sobria. Por desgracia, la adicción acaba con tu energía y te vuelve insegura y deprimida, así que los empleos no precisamente abundaban para mí. Me mantenía ocupada aseando casas, la cual era una maravillosa salida creativa y actividad física, pero el licor añadía unos kilos extra."

Uno de los momentos más humillantes en la vida de Claudia fue cuando su representante le exigió que bajara de peso, lo cual no había sucedido nunca en su carrera actoral. "Adopté el box y los pilates y hacía mucho cardio, pero a veces tomaba una copa antes de esas actividades. Era terrible sostener la farsa de que estaba sana cuando era obvio que no."

El fitness fue siempre una prioridad en su vida. Hacía una hora de cardio cinco o seis veces a la semana y también levantaba pesas, hacía yoga, sentadillas, etcétera. "Mi padre tiene ochenta y cuatro años de edad y todavía juega tenis cada mañana. Camina varios kilómetros diarios, y mi madre hace pilates y natación. Ambos son excelentes modelos y una prueba de que mantenerte activo afecta positivamente tu vida en muchos niveles. Mantenerme activa siempre ha sido importante para mí. Creo que ayuda al cuerpo a preservar un nivel saludable de endorfinas y alivia el estrés, la ansiedad y muchas otras dolencias."

Claudia bebía en exceso por temporadas, así que la mayor parte de su tiempo lo dedicaba a estar sana y seguir el buen camino; después, cada cuatro o seis meses, "desaparecía" en el licor. "Mis recaídas eran cada vez peores y tardaba más en recuperarme. Ahora siento paz y me he perdonado, pero en ese entonces sentía una culpa inmensa por aquello a lo que sometía a mi cuerpo, y gracias a Dios ahora todos los días estoy sobria y fuerte pese a haber tenido una enfermedad tan devastadora."

Le dio mucho gusto "declararse" adicta en 2010. Recibió enorme apoyo de sus fans, lo que la hizo sentirse amada y aceptada. "Los fans del género (la ciencia ficción y la fantasía) son personas muy especiales. Se aceptan y apoyan unas a otras en su amor por los programas de televisión y películas de esta clase y aman y aceptan al actor que interpretó a su personaje favorito. Yo interpreté a un personaje muy heroico en *Babylon 5*, así que me resistía mucho a admitir la falibilidad, pero cuando finalmente lo hice fue liberador, por decir lo menos."

"Entre más compartimos nuestras cargas personales, más fácil es para otros hacer lo mismo. La vergüenza y el estigma no deberían existir. Los trastornos de consumo de alcohol son padecimientos cerebrales; nadie toma una copa de vino con la esperanza de esclavizarse a ella. Porque es una afección progresiva, que se esconde a lo largo de los años, incluso décadas. Yo bebí segura y moderadamente durante veinte años antes de que notara que algo estaba mal, así que esto no es exactamente algo que puedas planear.

"Yo le diría a la gente que conoce a un adicto que sea cariñosa y compasiva. Juzgar a alguien por algo que no puede controlar equivale a juzgar a una persona con cáncer o un defecto de nacimiento o una enfermedad mental. Piensa antes de hablar, y si no tienes nada útil o amable que decir, no digas nada. Las palabras pueden ser muy hirientes, y términos como 'débil', 'perezoso', 'inmoral', 'borracho', 'perdido', 'ebrio', etcétera, pueden perjudicar horriblemente a alguien que ya está en el abismo. Yo he perdonado a las personas que dijeron cosas malas de mí y no participo en las redes sociales, porque son odiosas. Irónicamente, muchas personas se ocultan detrás de sobrenombres basados en la fe o el optimismo y después lanzan detestables diatribas contra mí porque elegí una forma científicamente comprobada de tratar mi adicción, en contraste con el método 'tradicional'. Hay hombres que despotrican contra mi apariencia después de ver mi charla en TEDx, como si eso tuviera algo que ver con mi mensaje. Es una pérdida de tiempo leer esas cosas. Uno debe seguir adelante con sus creencias y su fe e ignorar a los gnomos y promotores del odio. Están mal informados y no desean corregir eso. El odio está en todas partes, pero el amor también, por fortuna."

ESTAS BOTAS SON PARA CAMINAR

El fitness es algo más que ponerse unos tenis, ir al gimnasio, correr un ultramaratón o ganar una medalla de oro. Abarca todos los aspectos de la salud: mental, físico y emocional. Cuando hablamos de elegir el fitness, me refiero a todas las áreas de tu salud y bienestar. Algunas áreas de la salud implican sudar, pero muchas otras no.

Si sientes que haces una gran labor de priorizar el fitness, cerciórate de considerar todas sus áreas y pregúntate si te falta algo. Podrías ser una estrella de rock por ir al gimnasio todos los días, pero ser muy desdichado en lo emocional. O podrías sentirte feliz contigo pero tener que recordarte que debes estar más alerta y presente en tu vida.

¿Y si quisieras elegir el fitness un poco más? Bienvenido al club. No, en serio, es fácil priorizar el trabajo y a las demás personas en nuestra vida y olvidar priorizarnos a nosotros mismos. Así, el primer paso es perdonarte. Después saca un diario, escribe algunas metas, llama a un amigo y asume la responsabilidad de invertir en ti y de hacer de tu cuidado personal una prioridad. Si en la actualidad seleccionas el fitness una vez a la semana, pon una meta de elegirlo tres veces, sea que entiendas por fitness ir al gimnasio, ir al psicólogo o ir a la esquina de tu cuarto para tu práctica de meditación.

Mereces una vida mejor, más sana, más limpia. Sólo tenemos una oportunidad en este planeta. Así que si te sientes abatido, insano, lesionado o poco motivado, debes saber que el poder de cambiar siempre viene de adentro.

Amigos

Si alguien se siente solo y no tiene con quién compartir sus desilusiones y éxitos, esto podría indicar que debe dedicar más tiempo a cultivar la amistad.

DRA. IRENE S. LEVINE, EXPERTA EN AMISTAD

Te seré muy franca: este capítulo fue con mucho el más difícil para mí. Aunque tengo numerosos "amigos" para los estándares de las redes sociales, cuento en mi vida con pocas personas de las que estoy verdaderamente cerca y con la que paso mucho tiempo. Esto se debe en parte a que me encanta estar con mi familia. Tengo un esposo al que considero mi mejor amigo en la Tierra. Y amo a las personas con las que trabajo (después de todo, ¡yo decidí contratarlas o asociarme con ellas!). Pero también se debe a que sencillamente no hay tiempo suficiente en el día para elegirlo todo, y cuando las cosas se complican no decido sesgarme hacia la categoría de los amigos. Quizás eso cambie cuando envejezca y ya no tenga hijos jóvenes en casa, o tal vez cuando deje de trabajar tanto (ja, ja, ¡qué buen chiste!). Veo a personas con una plena vida social y pienso, #squadgoals, pero regreso de inmediato a mi vida regularmente programada,

en la que sigo priorizando a los amigos menos que a todo lo
demás. Otra razón de que no priorice a los amigos muy a menudo es que —te revelaré un gran secreto— en realidad soy
muy introvertida. Si me conocieras en persona, me vieras cantar en público o me oyeras pronunciar un discurso salpicado
de chistes, quizá no lo creerías, pero todo eso es una imagen
que he aprendido a cultivar por razones profesionales. Después de hablar en público, lo único que quiero hacer es estar
sola durante varias horas y mirar una pared. Me gusta estar rodeada de personas, pero también me agota y por eso, después
de un largo día de trabajo, en el que paso la mayor parte de mi
tiempo siendo una profesional extrovertida, lo último que quiero —o necesito— es estar rodeada de más personas todavía.

Conocer gente es muy difícil para un introvertido, lo cual
quiere decir que cuando mi esposo ingresó a la facultad de administración de Stanford al tiempo que yo trabajaba en Facebook, tuve que respirar hondo y prepararme para conocer a
cientos de personas que serían parte importante de la vida de
él en los dos años siguientes.

Como esposa de Brent, se me invitaba a asistir a muchos
eventos. Como trabajaba todo el día en una nueva empresa,
me era difícil asistir a la mayoría de ellos, pero hice un gran esfuerzo, considerando las circunstancias.

Esos eventos eran deliciosos estudios del comportamiento humano, especialmente para esposas de estudiantes como
yo. En las primeras semanas de clases, en los primeros eventos
de ese tipo, los compañeros se conocían entre sí y establecían
redes. Al principio me estrechaban la mano y me saludaban,
pero tan pronto como se enteraban de que yo era sólo la esposa de uno de sus compañeros, ese saludo se convertía rápidamente en *sayonara* y el estudiante en cuestión iba a buscar
alguien que importara más en términos de su carrera. Eso era

frustrante, difícil y humillante al mismo tiempo. Quería pasar tiempo con mi esposo y sus compañeros, pero sentía que ya había llegado al máximo en términos del número de amigos para los que podía estar disponible, así que no servía de nada para personas con las que no convivía durante el día. Me era posible distinguir pronto a los gatos de los canarios con base en quién quería ser nuestro gran amigo tan pronto como se enteraba de que yo trabajaba en Facebook. Por suerte, había maravillosas personas en ese grupo que trataban de otra manera a las esposas de los estudiantes. No juzgaban a la gente por lo útil que fuera para su carrera, y algunas de ellas están ahora entre mis mejores amigos. Una en particular, Rebecca Schapiro, sigue siendo mi compañera de viaje cuando se me invita a hablar alrededor del mundo. Me ha acompañado en viajes a lugares como Kuwait, Dinamarca y Argentina. Todos los días agradezco tener una amiga de tanta confianza y tanto tiempo como ella.

Pensándolo bien, me alegra haber pasado por esa prueba de fuego, porque los amigos que emergieron de esos años de la facultad de administración son algunas de las mejores y más sólidas personas en nuestras vidas.

EL APASIONADO DE LOS AMIGOS

Esta persona es excelente para priorizar a los amigos en su Elige tres; lo hace fácil y naturalmente.

> *Nuestras relaciones vuelven el mundo más radiante e interesante. Esto estimula la innovación, la curiosidad y el bien social. Sin relaciones, estaríamos aislados por completo.*
>
> SUSAN MCPHERSON,
> FUNDADORA DE MCPHERSON STRATEGIES

Algunos amigos son fabulosos conectores. Se las arreglan para
estar en contacto con todas las personas que conocen y tienen
ceñidos grupos de amigos que resisten la prueba del tiempo,
pase lo que pase. Yo quería saber qué sucede en la mente de
alguien que prioriza tanto a sus amigos que se gana el título de "conector supremo", así que decidí conversar con Susan
McPherson, nuestra apasionada de los amigos.

McPherson Strategies, la compañía que Susan fundó,
es una consultoría centrada en la intersección entre marcas
y bien social. Ella ha establecido vínculos con las personas
desde que tenía diez años de edad y me contó que lo hizo en
un campamento de verano, en sus tropas de Brownies y Girl
Scouts y en su equipo de gimnasia en la universidad. Hay personas que nacen sociables.

Aficionada a la gente, dotada de una extraordinaria curiosidad por lo que la motiva, la impulsa y le interesa, a Susan
le ha fascinado siempre conocer personas e intimar con ellas.
Cree que para establecer un vínculo duradero debes tener excelente memoria, curiosidad intelectual, positividad y extro-
versión. Y establecer vínculos entre otras personas es como
una inyección de dopamina para su alma. Ella se llena de alegría cuando sus relaciones dan un resultado positivo.

El mayor reto para Susan es cuando las relaciones mue-
ren en flor y no conducen a nada (ni siquiera a una amistad).
"Vivimos en un mundo en el que tener amigos de todo tipo,
con diferentes intereses, herencias culturales, raíces y metas,
aporta una riqueza enorme." Por fortuna, no recuerda una
sola relación que la haya defraudado, aunque ha habido ocasiones en las que ha presentado entre sí a personas de las que
después no recibe ninguna muestra de gratitud ni reconocimiento. "La primera vez que eso ocurrió, me dolió, pero con
el tiempo me percaté de que no soy un conducto para las rela-

ciones porque me interese el reconocimiento. ¡Sencillamente hago que ocurran!"

Su consejo para otros conectores profesionales es que no lo hagan para sacar ventaja, sino para aprender de los demás, ya que cada persona a la que conoces será un acceso a sus excepcionales experiencias. "Debes estar abierto, ser cordial y complementar con un mensaje significativo. Tu mundo será más pródigo si haces eso. Y después, llega al extremo de presentar tus nuevas relaciones con otras en tu mundo."

Lo que Susan sacrifica al final, para ser una conectora, es tiempo. Pero dice que lo recupera a manos llenas, ya que cada relación le brinda una nueva oportunidad que puede derivar en toda clase de beneficios. Hay veces en que se siente abrumada y se pregunta por qué dedica tanto tiempo a unir a dos personas con otras dos. Pero entonces una nota de alguien a quien puso en contacto con otro le recuerda que establecer vínculos vale la pena SIEMPRE.

De las literalmente *cientos* de relaciones que Susan ha establecido, siente afición por una de ellas en particular: fue capaz de aprovechar su círculo social para conseguir una beca de cien mil dólares para un amigo que estaba por iniciar su carrera de piloto en Pittsburgh, a través de un proyecto llamado Hello Neighbor, que ayuda a vincular a refugiados sirios con familias locales de amigos. Susan creía profundamente en esa causa y en su amigo Sloane, que comenzaba el curso, y le enorgullece y emociona haber podido aprovechar sus relaciones sociales para ayudar a Sloane a conseguir un curso con tanto buen karma en tierra.

Susan cree que nuestras relaciones contribuyen a hacer un mundo más vibrante e interesante. Las relaciones motivan la innovación, la curiosidad y el bien social. Sin ellas, estaríamos aislados por completo.

Si te identificas con Susan y la gente te llama conector, me quito el sombrero. Sólo asegúrate de poder distinguir entre los verdaderos amigos y la gente que simplemente quiere algo, para que no termines concediendo mucho tiempo a los "usuarios". Para quienes se sienten menos cómodos que Susan con la sociabilidad y la multiplicidad de relaciones, ella recomienda incorporar ligeras relaciones en tu agenda diaria. "Mantener vínculos no es tan desafiante ni consume tanto tiempo como podría pensarse. Significa contacto ocasional ANTES de que necesites algo, contacto por el mero gusto de decir: '¡Hola!, ¿cómo estás? Valoro tenerte en mi vida'."

Conforme maduras, conocer amigos se vuelve más difícil. En fecha reciente, yo hablaba de esto en una cena con otra pareja de la que somos amigos y nos dimos cuenta de que cuando eres joven y soltero es fácil hacer amistades y priorizarlas. Pero cuando maduramos, nos casamos y formamos una familia, de repente hay muchos criterios que un posible amigo debe cumplir para entrar en nuestro círculo íntimo. Tienes que:

- Gustar de la persona
- Gustar de su pareja
- Gustar de la forma en que se tratan
- Gustar de sus hijos
- Confirmar que tus hijos gusten de los suyos
- Gustar de la forma en que educan a sus hijos
- Gustar del hecho de que no tengan hijos o pareja

#Oh#MY

Ver de ese modo las amistades es muy agotador y poco realista y por eso, por desgracia, tener una vida social es lo primero que se desprioriza, en especial cuando tienes hijos pequeños en casa y/o una carrera muy agitada. A veces es más fácil hacer amigos a través de tu cónyuge. Y en ocasiones no, como en el caso de la facultad de administración.

Estas experiencias me hacen pensar en las personas que, sea por elección o por necesidad, ya no tienen acceso a sus amigos. ¿Qué sucede si desequilibrarte significa que literalmente *no puedes* estar en contacto con tus amigos? Me puse a pensar en los astronautas que pasan meses en el espacio. Pensé en los incontables conductores de Uber con los que he conversado, quienes dicen haberse mudado a Estados Unidos para trabajar y que envían dinero a casa, aunque esto signifique no ver a sus cónyuges e hijos durante años. Pensé en las personas que tienen grupos "tóxicos" de amigos y que por fin se arman de valor para distanciarse de ellos. Y pensé en quienes necesitan cambiar de pronto su identidad y romper lazos con su nombre, con la vida que siempre han conocido, a fin de escapar de una situación peligrosa.

CÓMO SER UN MEJOR AMIGO (Y QUÉ HACER SI METES LA PATA)

Cuando estás muy ocupado con tu trabajo, familia y otras áreas de tu vida, es fácil que dejes de lado tus amistades. Si te ves en una situación en la que querrías elegir un poco más a tus amigos, o si metiste la pata y no sabes cómo reivindicarte, he aquí algunas reflexiones sobre cómo remediar el desastre:

ESCUCHA/NO JUZGUES. Trata de escuchar más que hablar. Confirma que cualquier consejo que des proceda de cero juicios. Éste es un ejercicio de moderación, pero los beneficios pueden ser enormes.

CUMPLE TU PALABRA. Todos hemos estado en una situación en la que prometimos hacer algo que no pudimos cumplir; se siente horrible. Es mucho mejor decir no de antemano que tratar de complacer a los demás.

APARECE. Simple y sencillamente, preséntate. No seas un amigo de ocasión. Preséntate cuando tus amigos te necesiten. Aun cuando la situación en la que un amigo tuyo se encuentra no te agrade, puedes apoyarlo.

ALÉGRATE POR TUS AMIGOS. Aun si estás verde de envidia y deseas con todo tu ser que algo te hubiera pasado a ti y no a ellos, no conviertas todo en asunto personal. Alégrate por tus amigos; con el tiempo llegará tu turno.

¡DISCÚLPATE! Y hazlo en serio. No pongas pretextos. No le eches la culpa a alguien o algo. Admite cuando metiste la pata y sigue adelante. Todos cometemos errores; la forma de manejar esos errores muestra de qué estamos hechos.

EL ELIMINADOR DE LOS AMIGOS

Esta persona decide repetidamente NO priorizar a los amigos en su Elige tres.

> *Cuando estás solo y no tienes una red de apoyo, eso puede convertirse en un desafío. Necesitas un amigo de confianza o un miembro de la familia responsable que facilite el envío de una tarjeta de crédito o el pago de tus cuentas.*

> **KIMBERLEY BULKLEY,** OFICIAL DE MONITOREO
> EN OSCE SPECIAL MONITORING MISSION UKRAINE

Kimberley Bulkley dice que es difícil darle un título a su profesión. "Si tengo que elegir una categoría, usualmente escojo la de 'desarrollo internacional', aunque en realidad no es muy acertada." Estudió relaciones internacionales/lengua rusa y se graduó en 1991, justo en el apogeo de la perestroika y la *glasnost*, cuando la disolución de la Unión Soviética derivó en la reanudación de relaciones entre Estados Unidos y la Federación Rusa. Como era de esperar, Mijaíl Gorbachov habló incluso en su ceremonia de graduación, en 1992.

Kimberley fue por primera vez a Moscú en 1991, adonde llegó tres días después de que miembros del gobierno de la Unión Soviética habían intentado dar un golpe de Estado para arrebatarle a Gorbachov el control del país. En 1996 volvió a Estados Unidos para asistir a la escuela de leyes, aunque se vio pronto de vuelta en la ex Unión Soviética. Se integró a la Organización para la Seguridad y Cooperación en Europa (OSCE) y se mudó a Viena, Austria, donde esa organización tenía sus oficinas. Trabajó en misiones de campo para apoyar los esfuerzos del gobierno por combatir la corrupción y el lavado de dinero.

Asumió su primer puesto en la OSCE como asesora económica y del medio ambiente en Tashkent, Uzbekistán, y año y medio después fue transferida a Bishkek, Kirguistán, donde pasó cuatro años en el mismo puesto. Más tarde se le envió a Kabul para lo que se le dijo que sería una asignación de cinco años; estuvo ahí sólo un año.

De Asia a Ucrania, Kimberley no ha estado en el mismo lugar más que un par de años. La profesión que eligió es desafiante no sólo porque debe contribuir a desactivar conflictos en todo el mundo, sino también porque le implica manejar sus asuntos personales desde fuera de Estados Unidos. "Por ejemplo, si tu tarjeta de crédito está comprometida y la compañía quiere enviarte una nueva, no puede mandarla a una

zona de guerra, pese a lo cual la necesitas para reservar boletos de avión para tus siguientes vacaciones." Es un hecho que
ella ha seguido el camino menos transitado, y por eso es nuestra eliminadora de los amigos.

Durante años hizo grandes esfuerzos por mantenerse en
contacto con sus amigos en Estados Unidos. "Les mandaba
tarjetas, escribía correos, hacía comentarios en Facebook, in-
tentaba organizar conversaciones regulares en Skype, les avi-
saba siempre cuándo estaría de visita, les llevaba regalos y les
dedicaba tiempo pese a que estuviera exhausta a causa del viaje. Cuando dejé de hacer todos esos esfuerzos, la mayoría de
tales amistades se disiparon. Comprendí que aunque habíamos sido amigos, ellos estaban demasiado ocupados con su
vida o ya no podían relacionarse conmigo. No sé si éste sea un
fenómeno exclusivo de Estados Unidos, pero creo que nuestro
estilo de vida concede poco valor a las amistades profundas y
sustantivas. O quizá sólo sea un problema si la gente no puede
verte físicamente y entonces dejas de existir en su realidad."

Kimberley me contó que cuando trabajas en el extranje-
ro, la mayoría de las amistades que formas son con personas
que tienen el mismo estilo de vida que tú. Terminas con un lugar de alojamiento en casi cada país del mundo, pero es raro
que tengas amistades estrechas.

La tecnología ha hecho toda la diferencia en el mantenimiento por Kimberley de comunicación a larga distancia. "Casi
todos los días intercambio breves notas con familiares y amigos en Facebook Messenger, Skype o por correo electrónico. A
veces podemos coordinar encuentros en salas de aeropuertos
cuando nuestros horarios de viaje coinciden. Otras, asisten a
una conferencia en el país donde trabajo. Otras más, organi-
zamos una reunión en alguna parte durante unas vacaciones.
Todo depende de la flexibilidad de cada quien y de su deseo

de mantener la amistad." A la fecha, la relación más importante para Kimberley es la que mantiene con sus padres. "Tienen ochenta y tantos años de edad y visitarlos es mi prioridad.
Como su tiempo en este planeta es limitado, dedico la mayor
parte de mis vacaciones a ayudarles y pasar tiempo con ellos."

Seas o no un eliminador de los amigos, hay una situación
que muchos tenemos en común, en la que básicamente tienes que empezar de cero, conocer gente, reinventarte y hacer
amigos otra vez: cuando entras a la universidad.

EL RENOVADOR DE LOS AMIGOS

Alguien que debe repensar y reconstruir su círculo de amigos.

> *Igual que en cualquier otra etapa de tu vida, las amistades en la*
> *universidad son importantes porque (idealmente) proporcionan*
> *un sistema crucial de empatía y apoyo mutuo.*
>
> JULIE ZEILINGER, FUNDADORA Y EDITORA DE
> WOMEN'S MEDIA CENTER'S FBOMB BLOG

FBomb de Julie Zeilinger es un blog y comunidad feministas
para adolescentes y jóvenes. Su *libro College 101: A Girl's Gui-*
de to Freshman Year fue escrito después de que se graduó, en
2015. *College 101* es una guía para todo lo relacionado con la
universidad, lo cual incluye hacer amigos. Julie es nuestra renovadora de los amigos.

"Hacer amigos no es difícil para *ningún* estudiante de
primer año", dice. "Hay estudiantes de ese grado que estable-
cen relaciones significativas con los demás rápida y fácilmente. Pero también hay muchas personas que batallan para hacer
amigos, por varias razones."

Cita a los alumnos que añoran su casa, por ejemplo, como quienes quizá batallan para ser sociables mientras se aclimatan a su nuevo hogar en el campus. "Mudarse a una ciudad en otro estado, e incluso a una singular subcultura del país, puede implicar, para muchos, un enorme ajuste emocional y cultural. Si eres de Nueva York, podrías tardar un rato en adaptarte a la cultura de un campus del sur en gran medida conservador y podría serte difícil forjar amistades con personas que no comparten este malestar inicial." Julie recomienda considerar como una gran oportunidad de desarrollo la inserción en un entorno nuevo y desafiante con personas diferentes a ti.

También hay retos que motivan a los alumnos tímidos o introvertidos a ser extrovertidos y conocer gente. Julie dice que a quienes valoran las relaciones significativas no les sirve que la mayoría de las conversaciones que tienen durante las orientaciones sean inevitablemente superficiales. Para quienes están acostumbrados al tipo de fáciles interacciones derivadas de años de estar en el mismo grupo de amigos —personas que ya comprenden y aceptan tus manías— puede resultar desafiante y hasta agotador probar a hacer amigos.

En la preparatoria, Julie tuvo cinco grandes amigas que en esencia eran todo su mundo social. "Hacíamos todo juntas y conocíamos los detalles íntimos de la vida de las otras cuatro. Sin embargo, todas fuimos a dar a universidades diferentes. Aunque siempre he agradecido esas relaciones tan intensas, pienso que tal punto de referencia de la amistad me dificultó sentir que tenía éxito en mi relación con nuevas personas en las primeras semanas en la universidad."

En esta última, Julie tenía una compañera de cuarto y otras amigas en las que hasta cierto punto pudo apoyarse durante su primer año, pero lo más difícil fue sortear las fastidiosas (aunque necesarias) conversaciones superficiales, que seguían sin falta el mismo patrón: nombre, ciudad natal, carrera por seguir, razón de haber elegido esa escuela, etcétera.

Lo mismo es cierto de la vida después de la universidad. Nos sumergimos en nuestro mundo en torno a nuestro empleo y familia, así que nos olvidamos de forjar nuevas relaciones. Julie me recordó que no le es posible desarrollar nuevas amistades "sin abrirme constantemente a ellas (pese a mi naturaleza introvertida) y salir de mi zona de confort. Me integré a grupos extracurriculares y a una asociación de alumnas y me empeñé en conversar con mis compañeros de clase y estudiantes de todo el campus".

En términos de consejos de cómo hacerlo, Julie dice que existe una popular teoría de que la universidad representa *la* oportunidad de inventarnos una nueva imagen, "de poder ser quienquiera que hayamos querido ser siempre, a lo que se nos desalentó mientras crecíamos. Quienes suscriben esta teoría tienden a hallar amigos que se ajustan a esa imagen."

Pero quizá ser otro no sea la mejor manera de iniciar una amistad que se espera perdurable. Julie sostiene que la experiencia universitaria no es una oportunidad de crearse una nueva imagen, sino de saber quién hemos sido *siempre* pero se nos alentó a reprimir. "El proceso de familiarizarnos con nuestro verdadero yo se ve innegablemente influido por las personas de las que nos rodeamos."

Es muy fácil juntarse siempre con el mismo tipo de personas: si te gusta el teatro, estarás rodeado de personas de la carrera de literatura dramática; si eres ambientalista, habrá, sin duda, incontables entusiastas de la ecología dispuestos a ayudarte. Pero las universidades están repletas de alumnos diversos y apasionados con talentos e intereses singulares. Julie recomienda que te fijes la misión personal de buscar a alguien radicalmente distinto de ti y hacerte su amigo. "Aunque es maravilloso encontrar personas que te comprenden en un nivel íntimo, que pueden relacionarse contigo en un nivel específico, también es muy importante conocer a quienes sostienen perspectivas y valores diferentes de los tuyos. La amistad podría funcionar o no a largo plazo, pero será una experiencia valiosa en algún sentido."

Las amistades de la preparatoria cambiarán una vez que ingreses a la universidad, así como las amistades en la universidad podrían cambiar una vez que te gradúes, una consecuencia inevitable del tiempo y la distancia. "Es probable que te insertes en culturas diferentes, te rodees de personas diferentes y otros factores de influencia, y todo cambiará en lo personal en formas que crean una brecha sin precedente."

Pero aunque tus experiencias en la universidad puedan diferir, podrías preservar tus vínculos al compartir sustantivamente esas experiencias con tus antiguos amigos de preparatoria. "Los universitarios siempre están muy ocupados, pero si deseas conservar una amistad, es esencial que te mantengas en contacto, en una forma facilitada pero no definida ni restringida por la tecnología. Cuando te pones en contacto con viejos amigos, los incorporas a tu vida, aun si lidias con sentimientos complicados o situaciones detalladas específicas de tu grupo de amigos en la universidad."

Para impedir que las amistades se vuelvan superficiales, Julie dice que no puedes relegar tus conversaciones a temas superficiales. "Cuando te pones en contacto con ellos, mantienes actualizados a tus amigos. Muchas veces, durante mi primer año me ponía al corriente con mis amigas de la preparatoria y me daba cuenta de que no les había dicho todo sobre algo muy significativo en mi vida. Esto les hacía sentir que les había escondido a propósito algo importante, lo que quizá les hacía dudar de nuestro vínculo."

Recuerda siempre que debes dejar en libertad a tus amigos (sobre todo si suscribes la teoría de Elige tres, lo que podría provocar que tus mejores amigos seleccionen todo menos a sus amigos). "Todo cambiará en la universidad y nadie debe tomarse personalmente ese cambio. Trata de no juzgar a tus amigos por acciones que parecen estar fuera de lugar; comprende que lidian con nuevas situaciones y personas y que intentan hallar su lugar en todo eso. Si tienes una amistad de largo plazo, debes estar dispuesto a permitir que enfrente algunos baches en el camino y ser comprensivo aun si eso es desafiante."

Para Julie, las amistades no son sólo importantes en el contexto de la experiencia universitaria inmediata; pueden ser influyentes después. "Disponer de una sólida red de amigos puede ser muy beneficioso para la vida profesional de las mujeres, sea o no que tus amigos terminen trabajando en la misma industria que tú. Incorporarse a la fuerza laboral brinda una nueva serie de retos y experiencias, y tener el apoyo de personas que conoces y en las que puedes confiar es una herramienta crucial para prosperar en esa nueva etapa de tu vida."

Las personas a las que se les dificulta hacer amigos deben dar un paso atrás y reconsiderar con quiénes han tratado de hacer amistad, dice Julie. "A menudo es valioso introducirnos en nuevos entornos y situaciones y retarnos a salir de nuestra zona de confort. Esto puede no sólo enseñarnos algo acerca de nosotros mismos, sino también exponernos a cosas nuevas, y desde luego a personas nuevas."

Quienes somos torpes a este respecto, quizás una abrumadora mayoría, en lugar de ver nuestra torpeza como algo que nos resta atractivo, Julie asegura que debemos saber que muchos la ven como una señal de sinceridad y autenticidad. "Quien no es capaz de aceptar un poco de torpeza, quizá no resulte ser el amigo más empático o afectuoso, así que aceptar nuestra torpeza podría ser una buena prueba de fuego de cómo nos relacionamos con los demás."

Todos hemos estado en situaciones en las que debemos empezar de cero. Sea que se trate de ingresar a una nueva escuela, mudarnos a otra ciudad o iniciar un nuevo empleo, siempre es difícil comenzar de cero, formar relaciones y establecer confianza. Al mismo tiempo, es muy emocionante tener que reinventarte, armado con tu experiencia del pasado acerca de lo que deseas de las relaciones y de ti mismo.

En esta época viajamos, nos movilizamos y cambiamos de trabajo sin cesar: ¡hoy, el nuevo graduado promedio habrá tenido siete empleos cuando cumpla treinta años! Esto vuelve todavía más raro y especial tener un "amigo por siempre". El premio a la Amistad Más Larga (fuera de mi familia) es en mi caso para Shari Flowers, antes Shari Miller, a quien conocí en un campamento cuando teníamos once años de edad.

¡Vaya si Shari me conoce! Ha visto lo bueno, lo malo, lo maravilloso y lo horrible de mí. Estuvo a mi lado en mi primer beso (no literalmente). Fue castigada junto conmigo (¡con acostarse temprano una semana!) por ser un poco... digamos creativa. Ella y yo desarrollamos nuestro código secreto de mensajes. Y en la preparatoria viajó conmigo un mes a Costa Rica, donde acampamos en el bosque tropical. Años después conocimos, con una semana de diferencia, a los hombres con los que nos casaríamos, fuimos damas de honor una de la otra en nuestras respectivas bodas —con apenas un año de diferencia— y tuvimos hijos con un mes de diferencia. Ella es ahora una exitosa médica en Nueva Jersey. Nos vemos seguido y justo nos texteamos unos minutos antes de que yo me sentara a escribir esto. #¡HolaShari! Me siento afortunada de tener a alguien como ella en mi vida, quien sabe todo de mí sin que por ello, quién sabe por qué, haya salido corriendo y gritando.

TOMA DOS PARA CREAR UNO

Los amigos que sudan juntos, permanecen juntos. Si tienes problemas para priorizar repetidamente a tus amigos o el fitness, intenta combinarlos e inscríbete en una clase de fitness con un amigo, programa tu próxima reunión con él en un paseo en vez de que se vean para tomar una copa o enrólalo en una carrera divertida.

Sobre el tema de volver divertido el fitness con amigos, hice contacto con Zara Martirosyan, fundadora y directora general de inKin, plataforma de fitness social que ayuda a la gente a ser más activa a través de amigables competencias sociales de fitness. "La salud es el bien más valioso y crucial de la humanidad", me dijo. "Sin embargo, para la mayoría de la gente, iniciar un proyecto de salud es mucho más difícil de lo que parece. La gente suele carecer de motivación o no sabe cómo y por dónde empezar. Nuestra meta es educarla, reunir sus datos de varios dispositivos y apps de fitness y ayudarla a activarse mediante la socialización con su familia, amigos y compañeros de trabajo y a través de competencias amistosas, juegos y premios. Supimos que eso funcionaba cuando uno de nosotros bajó más de treinta kilos en un año desde que comenzó a trabajar en el proyecto."

La misión de inKin es que los desafíos sociales de fitness pueden ayudar a la gente a cambiar su conducta y a prestar atención a su bienestar: mientras se participa con otros en concursos de fitness en línea, se desarrolla el hábito de rastrear signos vitales tan importantes como el nivel diario de actividad, nutrición y sueño. Si tu principal foco de atención es por ahora el fitness y necesitas ser responsable o quieres pasar más tiempo con amigos, trata de combinar ambos aspectos en forma divertida y motivadora. Tus actuales amigos te lo agradecerán ¡y entre tanto podrías hacer nuevos y grandes amigos!

A veces, aun si quisieras sesgarte hacia los amigos, tienes que admitir que cierta amistad es tóxica. Romper con un amigo es muy difícil, pero si alguien tiene un efecto negativo en tu vida, debes cortar esas pérdidas y seguir adelante. Todos tenemos amigos que resultan ser situacionales o de los que nos apartamos. En ocasiones puede ser muy doloroso admitir que una amistad se ha avinagrado y debe terminar. Nos empeñamos en prolongarla, excusamos la mala conducta del otro, añoramos los buenos momentos compartidos. Pero a veces lo mejor que puedes hacer es admitir que se han apartado tanto, que es momento de cerrar el capítulo de su amistad y distanciarse para que cada uno siga adelante.

A algunos les agrada trabajar con sus amigos y gravitar hacia sus relaciones más estrechas en labores de negocios. Otros evitan esto como la peste y te dirán que el mejor consejo que pueden darte es que NUNCA hagas negocios con tus amigos. Yo he logrado el justo medio a este respecto. He invertido dinero en compañías de buenos amigos, aunque siempre he tomado la precaución de comprometer una cantidad que no me cause problemas si la pierdo. (Éste es un buen principio de inversión en general cuando se contribuye a nuevas empresas de alto riesgo, muy especulativas y que están aún en sus primeras etapas, ¡sea que hayan sido puestas por amigos o no!). He trabajado muy de cerca con grandes amigos, pero suele ocurrir que éramos meros conocidos cuando empezamos a trabajar juntos y nos acercamos entre más tiempo pasamos en común. También he tratado de confirmar que cuando trabajo con amigos, ellos posean series de habilidades complementarias, no empalmadas con las mías. Como seres humanos, gravitamos hacia personas similares a nosotros, lo que puede ser reconfortante cuando emprendemos algo impredecible, como una nueva empresa o un gran proyecto. Pero demasiada semejanza puede ser nociva si dos personas tienen justo la misma serie de habilidades y terminan pisoteándose en lugar de balancear sus fortalezas y debilidades.

En un Forbes and Capital One Spark Forum, Heidi Messer, fundadora de Collective[i], dijo: "Luego de muchos años, una sociedad de negocios se parece a un matrimonio; como mínimo, debes tener absoluta confianza en tu socio". Tuve una experiencia en la que asumir un proyecto con una buena amiga tuvo un efecto perjudicial en nuestra amistad. Ya había vivido un año en Silicon Valley y tenía diez mil dólares en mi cuenta bancaria, más de lo que había tenido nunca, aunque no precisamente me gloriaba de ello. Sin embargo, pienso que muchas personas creían que lo hacía porque, dondequiera que miraras, Facebook aparecía en las noticias con muchos ceros cuando se trataba de establecer la valuación de la compañía.

Una amiga y yo decidimos embarcarnos entonces en un pequeño proyecto externo. Hicimos un plan, un calendario y un presupuesto. Al principio fue impresionante; resultó súper divertido poder lanzarse a un proyecto con una buena amiga, pasar mucho tiempo juntas y unir nuestra energía creativa. Pero empezaron a aparecer tensiones cada vez que se vencían gastos que habíamos decidido juntas y ella se quejaba de su pobreza, así que todos los gastos recaían en mí. Los diez mil dólares de mi cuenta se agotaron pronto, lo que afectó mis planes de viaje para la siguiente temporada vacacional. Y después, casi al final del proyecto, mi amiga me presentó un "contrato modificado de sociedad" según el cual ella debía controlar setenta y cinco por ciento del proyecto, en lugar de la división a la mitad que habíamos acordado, porque argumentó que ella había aportado la idea original.

Quizá fui ingenua, pero no estaba dispuesta a que me aplastaran. Tuvimos una acalorada discusión y hasta la fecha no se ha reanudado nuestra amistad. Pienso que si desde el principio ella hubiera sido sincera acerca de sus finanzas o de su capacidad de contribuir, así como de las metas que quería alcanzar, habríamos evitado gran parte del drama y la aflicción. Por suerte, no se trataba de un proyecto que fuese de misión crítica para nuestra vida o carrera, sino apenas de una actividad complementaria, pese a lo cual fue una lección, aprendida a un costo relativamente bajo, sobre los riesgos de hacer negocios con amigos.

¡Mi experiencia no significa que tú no debas intentarlo! Muchas personas son capaces de trabajar muy de cerca con sus amigos o miembros de su familia y de compartir lo suficiente para que todo funcione. Poner un negocio puede ser un acto muy solitario, así que es fantástico tener un socio en el cual apoyarse y confiar cuando las cosas se complican. Pese a todo, debes estar consciente de los riesgos implicados y tratar de negociar los peores escenarios posibles antes de empezar. ¡Adelantarse a un conflicto es la mejor forma de garantizar que tanto tu empresa como tu amistad sobrevivan!

Irene S. Levine, nuestra experta en amigos de Elige tres, es profesora de psiquiatría en la New York University School of Medicine y dice: "La gente difiere en términos del número de amistades que necesita y la naturaleza de las amistades que prefiere. Dependiendo de su temperamento y personalidad, a algunos individuos les gusta tener muchos lazos sociales laxos; otros prefieren un número menor de amistades íntimas/ intensas. Nuestra necesidad de amigos cambia también a lo largo de la vida, por efecto de las circunstancias y nuestra disponibilidad de tiempo libre."

Como mujer y psicóloga, Irene se ha interesado siempre en las amistades femeninas y ha mantenido una curiosidad natural por sus amistades en comparación con las de las personas que conoce. Se preguntaba por qué algunas amistades perduran mientras que otras desaparecen. Con el paso de los años, incluso las relaciones con los mejores amigos resultan efímeras en ocasiones.

Cuando Overlook Press la buscó para que escribiera un libro sobre las amistades femeninas, ella se sintió motivada a indagar en la bibliografía y a conversar con mujeres de todas las edades sobre sus experiencias. Creó una encuesta en línea que pasó a formar parte de su libro *Best Friends Forever: Surviving a Breakup with Your Best Friend*. Descubrió que las amistades son relaciones muy importantes, en especial para las mujeres. "Nos ayudan a definir nuestra identidad y la persona en que nos convertimos. ¡No distan mucho de favorecer nuestra vida entera!"

Sin embargo, también descubrió desventajas en la amistad. La pérdida de una amistad puede experimentarse como un fracaso personal, porque con objeto de acercarnos a otro, ignoramos la posibilidad de que la amistad termine algún día. "Las mujeres suelen ser juzgadas por su capacidad para hacer y mantener amigos. Perder a un buen amigo, particularmente si el rompimiento es unilateral, es muy doloroso. Se siente como un fracaso y puede ser tan aflictivo como el rechazo de un novio, un divorcio o la pérdida de un cónyuge. Algunas amistades son más fuertes que las relaciones de sangre con parientes."

Irene señala que los tabúes culturales contra el fin de una amistad son tan fuertes que las mujeres se resisten a terminar esas relaciones, aun aquellas que ya no son mutuamente satisfactorias. Y a menudo un considerable número de personas se sienten solas y no tienen un solo amigo con cuyo apoyo puedan contar (por ejemplo, para que las lleve a una cita con el médico o para confiarle un problema con un hijo).

Cuando se trata de la ciencia detrás de la amistad, Irene indica que aunque los mecanismos biológicos exactos no están claros aún, varios estudios han asociado la amistad y el apoyo social con una mejor salud y mejores resultados emocionales, como menor riesgo de afecciones coronarias, obesidad, diabetes, presión alta, depresión y mayor longevidad.

En cuanto a las redes sociales, pueden aumentar nuestra capacidad para hacer amigos y enriquecer amistades existentes. Facilitan la comunicación con amigos en todo el país y el globo en forma asíncrona. Sin embargo, es fácil que ocurran malos entendidos cuando las personas no pueden ver sus mutuas expresiones, lenguaje corporal, etcétera.

AMIGOS DE POR VIDA... ¡LITERALMENTE!

La verdadera amistad significa estar presente. Dejar de lado tu tecnología y usar tus piernas. Es demasiado fácil enviar un correo o mensaje de texto; es mucho más difícil que aparezcas en la puerta cuando no has sido invitado.

AMY SILVERSTEIN, AUTORA

Amy Silverstein es autora de *My Glory Was I Had Such Friends*, una evocación de nueve amigas a las que atribuye haberle salvado la vida cuando esperaba su segundo trasplante de corazón a los cincuenta años de edad. Y por si esta historia no fuera lo bastante inspiradora, apenas dos días después de la publicación de ese libro, J. J. Abrams, famoso por *Guerra de las galaxias* y *Westworld*, adquirió los derechos para desarrollar una serie basada en ella.

Amy fue sometida a su primer trasplante de corazón a los veinticinco años. Descubrió que tenía una insuficiencia cardiaca y una esperanza de vida de diez años, pero decidió que esto no sería así. Después de veintiséis años de salud a partir de ese primer trasplante, lo cual es raro en el caso de un corazón, se enteró de que necesitaba otro y tuvo que viajar a Los Ángeles para someterse al procedimiento. Luego de su traslado, sus amigas resolvieron que no la dejarían sola, así que hicieron una hoja de cálculo en la que podían elegir turnos para asegurarse de que alguien estuviera siempre con ella. "La gente es capaz de movilizarse, sobre todo cuando se trata de salvar la vida de alguien."

Amy escribió *My Glory* porque sabía que debía escribir algo sobre el milagro de que sus amigas hayan estado a su lado. Este libro profundiza en los cambios de la amistad entre los veinticinco y los cincuenta años y en la forma en que la madurez te ayuda a aprender los secretos del apoyo mutuo. "Cuando tienes veinticinco años, no eres el mismo tipo de amiga que cuando tienes cincuenta."

My Glory se centra en lo que cada una de esas mujeres le dio a Amy durante su segundo trasplante. La vida de cada una era muy distinta, pero fueron capaces de reunirse en torno a una meta central y hacer sacrificios para ayudar. Algunas se conocían entre sí y otras no. No obstante, desarrollaron una singular amistad como grupo y se mandaban correos sobre qué llevar, cuándo acudir y lo que podían hacer para aliviar los temores de Amy. "Pienso que mis amigas se sorprendieron a sí mismas; fue una especie de cadena de favores."

Amy tiene amigas de toda la vida y otras nuevas que ha cultivado en fecha reciente. Conoce a su más vieja amiga desde que cursaban el segundo año de primaria, a otras dos las conoce de la facultad de leyes y a dos más las conoció a través de su esposo. Estas amigas y más fueron a visitarla mientras esperaba su segundo trasplante. Su amiga más reciente, una conocida casual antes de su cirugía, fue a verla todos los días mientras estuvo en el hospital, ¡durante dos meses y medio!

Amy dijo que cuando se enteró de que tendría que ir a Los Ángeles se sintió muy abatida, porque se vería en esa ciudad sola, asustada y abandonada mientras aguardaba su nuevo corazón. Pero su tristeza desapareció cuando sus amigas llegaron a visitarla. "Me mantuvieron viva para recibir ese órgano. No habría sobrevivido sin ellas."

Para Amy, ser una buena amiga no es algo con lo que naces; ella no era una súper amiga a los veinticinco. Pero asegura que, llegada la edad madura, la gente suele adquirir las herramientas para estar presente en una forma más significativa y auténtica. "Aunque es más fácil ser amiga a través del correo electrónico o mensajes de texto, se siente fabuloso cuando le das a alguien un abrazo en persona."

Si has tenido una experiencia en tu vida en la que inesperadamente te hayas apoyado en tus amigos, estoy segura de que les agradeciste a tus estrellas de la suerte el tiempo que invertiste en esas amistades en el pasado, para que pudieras recurrir a esas personas cuando las necesitabas. Sin embargo, la amistad puede ser curiosa. A veces la gente que esperas que esté a tu lado te decepciona. Otras, personas que no esperabas son las que en verdad toman las riendas de la situación y llegan más allá de eso.

Por fortuna, muchos de nosotros formamos parte de organizaciones escolares, religiosas o comunitarias que pueden prestarnos ayuda cuando la requerimos. Es fácil decidir priorizar otras cosas en nuestra vida y decir: "Ahora no tengo tiempo para mis amigos, estoy demasiado ocupado, estoy exhausto". Pero en el fondo yo no dejo de pensar en esa situación: si me ocurriera algo grave, ¿mis amigos me apoyarían gracias a que invertí mucho esfuerzo en ellos? Los amigos son como una cuenta de ahorro. Si has sido un buen amigo sin esperar nada a cambio, si has estado a la altura de las circunstancias cuando ellos te necesitaban, has invertido sabiamente. Porque en realidad nunca sabes, como descubrió Amy, cuándo esas personas podrían tenderte la mano y salvar tu vida.

El apuro de hacer amigos sigue aquejando hoy a la gente. Irene Levin dice: "Cuando somos niños, es fácil que nos acerquemos a alguien en el patio o el parque y le digamos: '¿Puedo jugar contigo?' o '¿Quieres ser mi amigo?' Cuando crecemos, nos intimida hacer amigos. La gente suele sucumbir a la falsa impresión de que cada quien tiene ya los amigos que necesita, pero nada puede estar más lejos de la verdad. Las amistades suelen ser transitorias, cambiar con las circunstancias de nuestra vida conforme nos graduamos, mudamos, casamos, tenemos hijos, cambiamos de carrera, nos divorciamos, enviudamos, etcétera. Muchas personas buscan nuevos amigos."

Algunas amistades son impedidas por la geografía y estilos de vida discrepantes, explica Irene. Pero si la amistad es inherentemente fuerte e importante para ambas partes, la gente la cultivará con determinación y programará tiempo para encontrarse con sus amigos y mantenerse en contacto por teléfono, las redes sociales o mensajes de texto. "Si alguien empieza a sentirse estresado en el trabajo y descubre que no rinde en forma óptima, podría ser que dedique demasiado tiempo a actividades sociales. Pasar demasiado tiempo con amigos también podría resultar en tensiones en la familia, a causa, por ejemplo, de descuidar responsabilidades con los hijos o el cónyuge."

Del otro lado de la moneda, si alguien se siente solo y no tiene con quién compartir sus desilusiones y éxitos, esto podría sugerir que debe dedicar más tiempo a cultivar sus amistades. Irene comenta: "La gente suele pensar que pasar tiempo con amigos es autocomplaciente y discrecional, pero la verdad es que tener firmes amistades nos vuelve mejores cónyuges, padres y empleados."

Los expertos en la amistad aseguran que no existen reglas para sortear nuestras amistades. En ocasiones incluso es difícil saber cuándo empieza una amistad y cuándo termina. Puede ser muy complicado saber si alguien es un verdadero amigo que te apoyará en un momento difícil o si es sólo un amigo de ocasión que correrá tan pronto como las cosas se dificulten.

CÓMO PEDIR DINERO A LOS AMIGOS (SIN SENTIRSE MAL)

Sea que recaudes fondos para una sociedad de beneficencia, intentes financiar un nuevo proyecto o tengas problemas para acabar la quincena, pedir dinero a los amigos puede ser desagradable. He aquí algunas cosas por considerar:

¿ESO AFECTARÁ SU AMISTAD? ¿El dinero impondrá a tu amistad un innecesario desequilibrio de poder? Debes conocer la respuesta a esta pregunta antes de proceder.

LA CLAVE ES CÓMO PEDIR. Jamás tomes a nadie por sorpresa. Da detalles acerca de cuánto necesitas y cómo usarás el dinero. Presentarte con un plan aumenta siempre la posibilidad de que llegues a un acuerdo. Pide siempre a uno por uno, no frente a un grupo, y no exijas una respuesta inmediata. Piensa cómo te sentirías si la situación fuera la inversa y dale a tu amigo tiempo para pensarlo.

¿EXISTEN OTRAS FORMAS DE AYUDARTE APARTE DEL DINERO? Si crees que la situación podría resultar incómoda, quizás haya otros modos en que tu amigo puede tenderte la mano: presentarte a ciertas personas, concederte tiempo y dar información son todos ellos recursos valiosos.

PONLO POR ESCRITO. Elabora un contrato para que lo firmen los dos. Lleva un registro de la inversión y, de ser el caso, un calendario de pago. Un "acuerdo de caballeros" sellado por un mero apretón de manos sin que se ponga nada por escrito es la mejor garantía de que tu amistad no sobrevivirá si las cosas se embrollan.

PIDE LA CANTIDAD INDICADA. Calcula cuánto necesitas; por lo general tendrás una oportunidad con tus amigos. Pide lo suficiente para que no tengas que volver con la mano tendida, pero no tanto como para que la petición resulte desorbitada.

EL SUPERHÉROE DE LOS AMIGOS

Alguien que debe repensar su círculo de amigos y cómo priorizarlos con el fin de apoyar a un ser querido o a sí mismo.

Ya no me interesaba el mismo estilo de vida ni estaba involucrada en él. Esto me ayudó a recuperarme, porque me demostró que no tenía que controlar todo en mi vida.

HELEN, PROMOTORA DE LA RECUPERACIÓN

Helen ha sido miembro de Alcohólicos Anónimos durante ocho años, decisión acerca de la cual piensa que muchos de sus amigos fingieron satisfacción. "Me dio tristeza, porque creí que era una decisión y dirección positiva, pero vi que detrás de las sonrisas había otra cosa. Algunos pensaban que había sido muy drástica, aunque pienso que la mayoría de la gente se sintió cohibida por su propia relación con las sustancias químicas. Después de todo, yo no había amistado con personas a las que les bastaba con tomar dos copas para marcharse a casa."

Helen tuvo que dejar de ir a bares y lugares donde se servían bebidas alcohólicas mientras estaba en recuperación, aunque no lo hizo de inmediato. Su ego y orgullo le decían que podía pasar tiempo en los lugares adonde iba antes sin sentir ansiedad; aunque ahora dice que pensar eso fue una tontería. "AA implica un cambio de hábito; en vez de ir a un bar, vas a una reunión. Ahí haces amigos que ves una y otra vez (los que permanecen), así como antes veías a las mismas personas en los bares que frecuentabas."

Dado que su estilo de vida de recuperación se orienta a la espiritualidad, Helen prefirió disfrutar de la sinceridad y vulnerabilidad presentes en su nuevo modo de vida, pese a que eso no le interesara a un gran número de sus amigos no sobrios. "Muchas personas se sintieron honradas y conmovidas cuando recibieron enmiendas, e incluso les sorprendió que yo las hiciera."

Hubo personas de las que Helen tuvo que apartarse porque en estricto sentido eran sólo amigos de fiestas. "Se escurrían fácilmente. Esto me ayudó en mi recuperación, porque me demostró que no tenía que controlar todo en mi vida. Comencé a permitir que las cosas pasaran y se desenvolvieran en forma más orgánica. No de la noche a la mañana, desde luego, pero aprendí que lo único que tenía que hacer era permanecer sobria."

Ahora tiene un grupo de amigos en quienes confía, que la obligan a hacerse responsable de sí misma. "La rigurosa sinceridad que muestran en su vida es muy estimulante y curativa para mí. Veo que permanecen sobrios pese a todo lo que puede sucederle a un ser humano y que lo enfrentan con sobriedad."

CUIDADO: ¡TODA VIDA PARECE MÁS DIVERTIDA EN LÍNEA!

NUNCA te compares con la página de Instagram de nadie. Los filtros y Photoshop pueden hacer maravillas, pero la vida real es imposible de editar. Claro que la gente hace públicos los momentos en que sonríe, se divierte y luce glamurosa. Interpreta esas publicaciones y fotografías como lo que son: nada.

NO PIERDAS DE VISTA EL TIEMPO QUE PASAS EN LAS REDES SOCIALES. El propósito entero de las redes sociales es hacer que te sientas cerca de las personas y cosas que te interesan. Si esto no te hace feliz, piensa en cómo podrías usar esos sitios en forma más productiva.

RECUERDA QUE TODOS LIDIAN CON ALGO. Hace poco le llamé a una amiga cuya vida parecía perfecta en línea. Cuando coincidimos en el teléfono, le dije que me daba mucho gusto por ella, a lo que me contestó: "Me dejaron la semana pasada y estoy súper deprimida". Aunque no lo creas, cada quien libra su propia batalla.

QUIZÁ LA GENTE TAMBIÉN CREE QUE TU VIDA ES INCREÍBLE. Si te deprime que los demás vivan tan intensamente, ¡imagina lo que piensan de ti! Tienes una oportunidad de publicar cosas auténticas y representar lo que en verdad te sucede, lo bueno y lo malo. No temas compartir momentos de vulnerabilidad; descubrirás que muchas personas se identifican contigo.

En cuanto a la manera en que ahora Helen selecciona a sus amigos, busca personas conscientes. "Prefiero personas que no dependan de sustancias químicas. Descubro que una relación así implica más esfuerzo del que yo ponía antes, dado que toda amistad y relación exige un esfuerzo."

Lo mejor del nuevo grupo de amigos de Helen es que existe un código automático de comprensión de que pueden ser francos y vulnerables, porque saben que ése es el núcleo de la curación. El compartimiento y conexión que pueden perderse en el mundo ordinario se les da gratis todos los días a los miembros de AA, si ellos deciden compartir.

Sin embargo, no cualquier persona sobria es un candidato a nuevo amigo. Helen dice que depende de cada persona. A veces esto es difícil, porque hay quienes no acceden a decir lo que en verdad les ocurre. Dado que ella no desea tener amistades superficiales, prefiere buscar personas que comprendan naturalmente la importancia de depender de la conexión de otros seres humanos. "Aprendo mucho de ellas."

Yo soy por naturaleza una persona introvertida, ¡así que presentarme en un evento donde no conozco a nadie puede ser aterrador! Como amante de las artes y la ópera, asisto a muchos eventos para explorar lo que significa ser un mecenas. No es mi deseo generalizar, pero digamos que con frecuencia en esos eventos podrías duplicar mi edad y yo seguiría siendo la persona más joven en la sala... y todos parecen conocerse, puesto que son patronos de las artes en Nueva York desde hace tiempo. En un evento particular, me sentía sola y diferente de los demás y daba la impresión de que todos estaban ahí con una pareja o grupo y que no era posible acercarse a conversar con ellos. Me aproximé a algunas personas para saludarlas pero se mostraron indiferentes, o me miraban como si quisieran darme su abrigo o pedirme una copa o algo. Me puse a textear entonces a mi esposo, mis compañeros de trabajo, *cualquier conocido*, para ver si alguien podía acompañarme. ¡Si hubiera sabido entonces de la empresa de Scott Rosenbaum!

EL MONETIZADOR DE LOS AMIGOS

Alguien que erige un negocio alrededor de ayudar a los demás a elegir a sus amigos.

> *Existe un estigma social contra estar solo y antes de RentAFriend no había otras opciones para contratar a un acompañante platónico no sexual.*
>
> **SCOTT ROSENBAUM,** CREADOR DE RENTAFRIEND.COM

RentAFriend.com —sí, leíste bien— es una compañía dedicada a comprar para ti una amistad platónica. Scott Rosenbaum inició RentAFriend en octubre de 2009 en Stewartsville, Nueva Jersey. La idea se derivó de la creciente popularidad de exitosas compañías de "renta un amigo" ya establecidas en Japón. Scott tuvo un momento de iluminación para introducir ese modelo en el mundo occidental.

RentAFriend es para personas que quieren ver una película o probar un restaurante nuevo, o incluso conseguir boletos para un evento deportivo o un concierto, pero no desean ir solas. El cliente ideal, dice Scott, es alguien feliz, positivo y de amplio criterio. Muchos profesionales usan el sitio web de RAF, entre ellos dueños de empresas, médicos y abogados. La gente podría tener un evento del trabajo y querría llevar a alguien, o desee viajar a una ciudad nueva y quisiera contratar a alguien de la zona para que le muestre los alrededores. A algunas personas no les agrada ir solas a un bar o restaurante, así que contratan a un amigo con quien salir a comer o a tomar una copa.

Scott cree que es difícil que la gente haga amigos hoy en día porque todos estamos muy ocupados. La economía no está en su mejor momento y la gente trabaja mucho, así que no tiene tiempo para socializar tanto como antes. "Lo sé porque a mí me pasa lo mismo."

Existe un estigma social contra quienes sostienen una relación, dice Scott. "Veo que muchos de mis amigos siguen solteros. Hace poco tropecé con una estadística según la cual hoy la gente permanece soltera más tiempo, pero hace unas generaciones se casaba al final de la adolescencia." De la gente se espera que tenga una vida organizada: un buen empleo, una pareja, una casa, etcétera. "Sin embargo, no es fácil tener todas esas cosas, así que es común que se contrate a un amigo en calidad de acompañante sólo para aparentar que se tiene la vida resuelta."

Cuando RentAFriend inició sus operaciones, hubo cierto rechazo público. "Algunos me acusaron de que abusaba de los solitarios, pero no es el caso. De hecho, la mayoría de los miembros (personas que pagan por contratar amigos) tienen muchos amigos de verdad, y algunos sostienen incluso una relación. Sencillamente es posible que se hallen en una circunstancia excepcional en la que necesitan un acompañante platónico, y nosotros somos el sitio para proporcionar eso."

Aunque admito que nunca he rentado un amigo (pese a que he hecho viajes de negocios con colegas que han acudido a sitios de contactos en otras ciudades para conocer a alguien que les muestre la ciudad en un día libre, en el entendido específico de que no buscan algo romántico), esto dice algo acerca de nuestra cultura, en la que todos estamos cerca de "amigos" (en términos digitales) pero lejos de la "amistad".

USO DE TECNOLOGÍA PARA HACER AMIGOS

La tecnología ha ayudado a encontrar nuevos amigos, mediante numerosas apps para romper el hielo. En Japón, una nueva app llamada Tipsys, ayuda a las japonesas necesitadas de amigas. Tipsys es únicamente para amistades platónicas femeninas y permite a las mujeres explorar ciudades, pasatiempos y hasta preferencias etílicas. Lo único prohibido en esa app es buscar novias, así que quien la usa para buscar amor ve eliminada su cuenta. En Estados Unidos, las apps de contactos Bumble y Tinder han lanzado Bumble BFF y Tinder Social para que los usuarios busquen amigos platónicos. Hey! VINA es una app para hacer amigos sólo para mujeres, y como dos son pareja y tres una fiesta, Me3 te ayuda a conocer personas que comparten tus intereses, metas y rasgos de personalidad. A los usuarios de Me3 se les hace una serie de preguntas como de programa de concursos sobre personalidad, estilo de vida y creencias, las que después se comparan con diferentes tribus.

Si buscas amigos, checa estas otras apps de amistad:

MEETUP: Sea de aficionados al vino o fanáticos del excursionismo, diferentes encuentros están disponibles en miles de ciudades de todo el mundo.

NEXTDOOR: Intercambia información comunitaria y recibe recomendaciones locales de las personas que viven más cerca de ti: tus vecinos.

PEANUT: Una comunidad de madres que organizan encuentros personales y reuniones para jugar.

SKOUT: Conoce gente aun si sólo estás de visita en el área. Ideal para quienes viajan con regularidad.

NEARIFY: Te alerta de eventos cerca de ti. Ve a qué eventos asiste la gente y recibe recomendaciones personales para hallar algo que hacer cualquier día de la semana.

MEET MY DOG: Ve qué perros hay en tu área, platica con sus dueños y concierta citas perrunas.

Yo aspiro a elegir más seguido a los amigos en mi Elige tres. Doy gracias por los amigos que tengo y que me acompañan a las charlas que imparto o a las obras de teatro que tengo que ver como votante del Tony, porque saben que ése es casi el único tiempo libre de que dispongo para ellos. Pero también sé que estoy en una fase de mi vida en la que tener hijos pequeños y una carrera me exige viajar mucho, lo que hace de los compromisos sociales una prioridad mucho menor de lo que querría. Me gusta pensar, sin embargo, que cuando las cosas se complican y mis amigos me necesitan, siempre estoy a su lado, como las amigas de Amy, que le salvaron literalmente la vida, o como los nuevos amigos que Helen hace para que le ayuden en su búsqueda de una vida más sana. Espero que a largo plazo pueda seleccionar a los amigos con más frecuencia y mi vida se equilibre. Quizá Julie o Susan puedan darme algunos consejos —siempre es posible que rente amigas—, aunque mis amigas de verdad son extraordinarias. Esto es lo increíble del mantra de Elige tres: ¡jugamos a largo plazo, amigos!

Entretanto, si estás leyendo esto y me has enviado un mensaje de texto, correo electrónico, mensaje de Facebook o cualquier otra cosa que no haya respondido hasta la fecha, debes saber que ya lo vi y que hago todo lo posible por contestar. Podría tardar diez años en hacerlo, ¡pero no he renunciado a mis amigos! Así que, chicos, ¡por favor, tampoco renuncien a mí!

3

ELIGE TUS TRES

Me encantan los números —soy una nerd de datos absoluta—, así que me tomé la libertad de calcular el total de combinaciones de Elige tres que podrías elegir. Obtuve docenas, ¿no? ¿¿Centenas?? Prueba diez. En efecto, sólo hay diez posibles combinaciones de Elige tres, ¡lo que significa que es perfectamente factible que las pruebes todas! ¡Haz una ronda que las incluya todas para ver cuál se ajusta mejor a ti!

HE AQUÍ LAS DIEZ GRANDES DE ELIGE TRES EN TODA SU GLORIA:

TRABAJO. SUEÑO. FITNESS.
TRABAJO. SUEÑO. FAMILIA.
TRABAJO. SUEÑO. AMIGOS.
TRABAJO. FITNESS. FAMILIA.
TRABAJO. FITNESS. AMIGOS.
TRABAJO. FAMILIA. AMIGOS
SUEÑO. FITNESS. FAMILIA.
SUEÑO. FITNESS. AMIGOS.
SUEÑO. FAMILIA. AMIGOS
FITNESS. FAMILIA. AMIGOS.

Cuando la desglosas de esta manera, ¡Elige tres parece mucho más practicable y menos aterradora!

Recuerda que si trataste de elegir las cinco categorías todos los días, te extenuaste luego de varios días (quizás el motivo de que hayas elegido este libro). El estrés de perseguir un
equilibrio perfecto tal vez te haya impulsado incluso a beber,
comprar, enviar mensajes de texto muy emotivos o comer un
pastel de chocolate entero (no lo digo por experiencia ni mucho menos). Lamento mencionar esto, porque sé que eres un
ser humano capaz, pero la mayoría de los humanos tendemos
a las multitareas. ¿No me crees? Bueno, muchísimos estudios
científicos lo confirman.

La *Harvard Business Review* determinó que la gente es
más feliz cuando realiza multitareas a lo largo de un periodo
prolongado, no en lapsos cortos. En un experimento, se les pi-
dió a varios estudiantes que ejecutaran una serie de actividades con diferentes tipos de caramelos. Un grupo realizó una
variedad de tareas como evaluar el sabor de gomitas en forma
de oso, nombrar frijolitos y organizar por color piezas de M&M,
mientras que el otro grupo hizo una sola tarea con un cara-
melo. Todos los participantes dispusieron de quince minutos
para sus tareas y luego se les midió para ver lo satisfechos y
productivos que se habían sentido. Resultó que los estudiantes que dedicaron quince minutos a hacer la misma tarea se
sintieron más productivos —y satisfechos— que aquellos que
dedicaron su tiempo a varias actividades.[1]

Más todavía, un estudio sobre repetición y variedad en un
banco japonés reveló que los empleados que variaron entre di-
versas tareas en un periodo corto fueron menos productivos
que los que se apegaron a una serie de actividades similares en
el mismo lapso. Estos hallazgos demostraron que la variedad
entre tareas consume recursos cognitivos y ocupa espacio de
memoria, lo que a su vez puede provocar que la gente se sienta
más estresada y limite su capacidad para destacar en la tarea de

que se trate (¿te suena conocido?). Así, incrementar la variedad entre las actividades que ocupan esos periodos cortos reduce la satisfacción, porque hace que los empleados se sientan menos productivos.[2] Muchos otros estudios confirman que la satisfacción y las multitareas tienen una directa correlación inversa entre sí. ¡Por eso Elige tres —centrarse en sólo tres tareas en un periodo de veinticuatro horas— funciona! Cuando preparas tu cerebro para que cumpla unos cuantos elementos, no sólo tienes más éxito, ¡sino que además tu bienestar emocional mejora!

Lo cual me regresa a las diez grandes de Elige tres. Si te apegas a Elige tres durante un mes, ¡descubrirás que podrías ejecutar cada una de esas diez combinaciones *tres veces*! ¡Conceder atención de calidad a cada una de esas cinco categorías de vida al mismo tiempo que se mantienen el estrés y los niveles de satisfacción! Yo diría que vale la pena hacer la prueba, ¿no?

CONVERTIR TU LISTA DE PENDIENTES EN LISTA DE COSAS HECHAS

Hay pocos consejos organizacionales que me disgusten más que la lista de pendientes. Francamente, qué es una lista de pendientes sino un conteo por escrito de lo inepto que eres para muchas cosas que no has hecho todavía. Tus tareas te miran a los ojos hasta que te avergüenzas lo suficiente para ejecutarlas ¡o hasta que sencillamente dices "¡Al diablo!" y reconoces que no las harás nunca!

¿Tú también te has sentido así alguna vez?

Algunas personas discrepan conmigo por completo y adoran sus listas de pendientes. Les gusta la satisfacción de tachar elementos y sentir que lograron algo. Es probable que esas mismas personas tengan también bandejas de entrada vacías, escritorios limpios y un cuerpo perfecto. Pero incluso ellas pueden beneficiarse de las maravillas de Elige tres. (¡Todos!)

Yo nunca tendré vacía mi bandeja de entrada, ésa es una realidad que tengo que enfrentar. Así como no tendré nunca un escritorio perfectamente limpio ni encontraré el calcetín que hace juego con el que ya me puse. He terminado por aceptar ambas cosas acerca de la teoría de que desorden = creatividad (al menos eso es lo que me digo para dormir mejor cada noche).

Al escoger tres cosas cada día, de pronto una aterradora lista de pendientes se siente más como una lista de "¡Lo lograste!" Cierra la cortina y termina el día con una reverencia. Da lugar a una ovación atronadora. Pero si quieres hacer de esto algo a largo plazo, tendrás que asumir tu responsabilidad. Lo cual quiere decir que debes seguir tu progreso, lo que a su vez significa un tipo de lista diferente: ¡la lista de cosas hechas!

En las páginas 250 y 251 encontrarás mi tabla semanal básica de Elige tres.

Después de que hayas seguido tus prioridades durante una semana, calcula el total y pregúntate:

¿CUÁNTAS VECES ELEGISTE CADA UNA DE LAS CATEGORÍAS?

TRABAJO:

_____

SUEÑO:

_____

FAMILIA:

_____

FITNESS:

_____

AMIGOS:

_____

¿HAY ALGUNA CATEGORÍA QUE HAYAS ELEGIDO MENOS DE TRES VECES?

_____

DE SER ASÍ, ¿ESO ES NORMAL O ESTA SEMANA FUE INUSUAL?

_____

¿HAY ALGUNA CATEGORÍA QUE HAYAS ELEGIDO MÁS DE CINCO VECES?

_____

DE SER ASÍ, ¿ESO ES HABITUAL EN TI O EN ESTA SEMANA OCURRIÓ ALGO EXCEPCIONAL?

_____

¿QUÉ DIFERENCIA EXISTE ENTRE LAS METAS QUE QUISISTE CUMPLIR Y LO QUE OCURRIÓ EN REALIDAD?

_____

¿CÓMO TE GUSTARÍA QUE FUERA LA SEMANA SIGUIENTE? ¿IGUAL O DISTINTA?

_____

He aquí lo divertido: quizá ya sepas si eres un apasionado, eliminador, superhéroe, renovador o monetizador, pero si aún estás en una etapa de autodescubrimiento, evalúa a quienes te rodean para determinar tu ubicación. A veces es más fácil mirar fuera de ti que dentro, así que intenta identificar a quienes te rodean y están bien sesgados y ve después con quién te identificas más.

TARJETA DE RESULTADOS DE ELIGE TRES

Sigue tus prioridades durante una semana (¡o más, de ser posible!) para saber dónde te ubicas.

	TRABAJO	SUEÑO	
LUNES			
META	x		
REAL	x	x	
MARTES			
META			
REAL			
MIÉRCOLES			
META			
REAL			
JUEVES			
META			
REAL			
VIERNES			
META			
REAL			
SÁBADO			
META			
REAL			
DOMINGO			
META			
REAL			

	FAMILIA	FITNESS	AMIGOS
	X	X	
		X	X

MENCIONA A UNA PERSONA QUE CONOZCAS QUE SEA

Trabajo

Apasionado:

¿Cómo puede priorizar tan a menudo el trabajo? ¿De qué sistemas de apoyo dispone?

_____
_____
_____
_____

Eliminador:

¿Lo hace por decisión propia u orillado por las circunstancias? ¿A qué dedica su tiempo?

_____
_____
_____
_____

Superhéroe:

¿Cómo impactan las necesidades de un ser querido sus metas profesionales?

_____
_____
_____
_____

Renovador:

¿Cuál fue el momento de alerta en su carrera que le hizo darse cuenta de que necesitaba un cambio?

Monetizador:

¿Cómo convirtió en un negocio su pasión por el trabajo?

Sueño **Apasionado:**

¿Cómo puede descansar lo suficiente?

Eliminador:

¿Cómo es capaz de funcionar cuando elimina el sueño?

_____
_____
_____
_____

Superhéroe:

¿Quién es el responsable de su falta de sueño? ¿Su situación es permanente o temporal?

_____
_____
_____
_____

Renovador:

¿Cuál fue su momento de alerta respecto a la fatiga?

_____
_____
_____
_____

Monetizador:

¿Cómo convirtió el sueño en un negocio?

Familia **Apasionado:**

¿Cómo puede priorizar tan a menudo a la familia?

Eliminador:

¿Quién llena para él el espacio de la familia?

Superhéroe:

_____

¿Cómo tuvo que cambiar sus planes de familia para tomar en cuenta a un ser querido?

_____
_____
_____
_____

Renovador:

_____

¿Con cuál obstáculo de familia tropezó? ¿Cómo se recuperó?

_____
_____
_____
_____

Monetizador:

_____

¿Cómo convirtió a la familia en un negocio?

_____
_____
_____
_____

Fitness

Apasionado:

¿Cómo puede priorizar tan a menudo el fitness?

Eliminador:

¿Tiene un estilo de vida saludable?

Superhéroe:

¿Cómo impactan las necesidades de un ser querido sus metas de fitness?

Renovador:

¿Qué retos de fitness ha vencido? ¿Cómo lo hizo?

_____

_____

_____

_____

Monetizador:

¿Cómo convirtió el fitness en un negocio?

_____

_____

_____

Amigos

Apasionado:

¿Cómo consigue que estas relaciones sean tan significativas?

_____

_____

_____

_____

Eliminador:

¿Quién llena para él el papel de los amigos?

_____

_____

_____

_____

Superhéroe:

¿Cómo afectaron las necesidades de un ser querido a sus amistades?

_____

_____

_____

_____

Renovador:

¿Qué retos de amistad ha tenido que vencer? ¿Cómo lo hizo?

_____

_____

_____

_____

Monetizador:

_____

¿Cómo convirtió los amigos en un negocio?

_____

_____

_____

_____

Ahora bien, ¿qué eres tú? Cada una de esas preguntas pueden contestarse en relación con cualquiera de las áreas —trabajo, sueño, familia, fitness o amigos—, así que empieza con cualquiera de ellas para descubrir por qué y cómo has terminado por priorizar ciertas áreas en tu vida. ¡Pero recuerda que el hecho de que seas una cosa ahora no significa que no puedas ser otra totalmente distinta mañana! Así, no dejes de retornar a estas preguntas y reevaluar dónde te encuentras en relación con tus metas.

TU PUNTUACIÓN COMO APASIONADO:

¿Hay un área que elijas sistemáticamente más de cinco veces a la semana?

_____

_____

_____

_____

¿Estás sesgado hacia esa área porque quieres, no porque debas?

_____
_____
_____
_____

¿Tus familiares y amigos concuerdan con tu evaluación?

_____
_____
_____
_____

¿Obtienes de esa área satisfacción, orgullo y/o una sensación de realización?

_____
_____
_____
_____

TU PUNTUACIÓN COMO RENOVADOR:

¿Hay un área que no cesas de escoger pero reconoces que forcejeas con ella?

_____
_____
_____
_____

¿Has pasado recientemente por un importante cambio de vida que te haya obligado a priorizar un área que antes no priorizabas?

_____
_____
_____
_____

¿Tus prioridades son muy distintas ahora a las de hace unos meses?

_____
_____
_____
_____

¿Hace unos días?

_____
_____
_____
_____

¿Dirías que has tenido que ajustar significativamente tus metas en esa área con el paso del tiempo?

_____
_____
_____
_____

TU PUNTUACIÓN COMO SUPERHÉROE:

¿Hay un área que selecciones sistemáticamente a causa de un ser querido o suceso de vida?

_____

_____

_____

_____

¿Elegirías otra área si estuvieras en libertad de escoger por ti mismo?

_____

_____

_____

¿A veces sientes que esta categoría te elige a ti en lugar de que tú la elijas a ella?

_____

_____

_____

_____

¿Te sorprende tu capacidad para ser fuerte en esta área o para priorizarla de una nueva manera?

_____

_____

_____

_____

TU PUNTUACIÓN COMO ELIMINADOR:

¿Hay un área que selecciones sistemáticamente menos de tres veces a la semana?

_____

_____

_____

_____

¿Eliminas esa área por decisión propia?

_____

_____

_____

_____

¿Sientes que gracias a que eliminas esa área tienes más tiempo para concentrarte en otras?

_____

_____

_____

_____

¿Por lo común consideras más fácil tomar decisiones por eliminación, sabiendo lo que no quieres hacer más que lo que quieres hacer?

_____

_____

_____

_____

TU PUNTUACIÓN COMO MONETIZADOR:

¿Priorizas sistemáticamente la ayuda a los demás para que tengan una vida mejor, más feliz y más fácil?

¿Obtienes dinero de ayudar a los demás a ser apasionados en alguna de las cinco áreas?

¿Te hace sentir realizado ayudar a otros a elegir esta área?

¿Los clientes están dispuestos a adoptar esta visión? ¿Prestas un servicio por el que la gente está dispuesta a pagar para priorizar cierta área en su vida?

Si contestaste "sí" a todas o la mayoría de las cuatro preguntas en cualquiera de estas categorías, ¡felicidades! Algunas personas se identifican en particular con alguno de esos tipos, mientras que otras son una combinación de varios. De una u otra forma, ahora sabes qué eres tú (al menos por hoy). Esto es lo fantástico de Elige tres, que puede cambiar por entero el día de mañana. Y al día siguiente. ¡Cada día te reinventas mientras haces lo que tienes que hacer! ¡Como todo un jefe!

Está perfecto si sientes que tus opciones de Elige tres y lo que eres varían de modo significativo. Podrías ser un "apasionado de fin de semana", un "monetizador de verano" o un "eliminador los lunes". Puedes ser muchas cosas distintas, de manera que numerosas etapas de la vida influirán en tu Elige tres. Sería muy aburrido (y poco sano) que seleccionaras las mismas tres cosas todos los días durante toda la vida. Por eso es esencial que repitas estas actividades y te hagas esas preguntas en forma regular, para confirmar que comprendes cómo cambian tus metas y prioridades.

¿QUÉ SOY YO?

	TRABAJO	SUEÑO	FAMILIA	FITNESS	AMIGOS
APASIONADO					
RENOVADOR					
SUPERHÉROE					
ELIMINADOR					
MONETIZADOR					

Estoy segura de que muchos de ustedes eligieron ser apasionados del sueño, ¡lo cual está muy bien!, siempre y cuando sean un apasionado del sueño QUE DUERME. Sé totalmente sincero contigo mismo cuando seleccionas tu Elige tres. No ayudarás a nadie si dices ser algo que no eres. Determina tus áreas de fortalezas y debilidades e identifica dónde estás demasiado sesgado y no lo suficiente; ésta es la conclusión más importante aquí. Todos somos una obra en proceso, ¡así que no más culpa! ¡Deja de fingir que eres alguien que no eres! El propósito de Elige tres es permitirte estar bien sesgado en una forma acorde con tu estilo de vida y auténticamente tuya.

Si, como Ellen Dworsky, eres un eliminador de la familia, quizá no sea tan importante para ti que elijas esa área, y eso está bien. Pero los eliminadores en un área deben cerciorarse de que sus demás necesidades estén satisfechas, como tiempo con amigos, niveles de fitness, etcétera. Incluso si no tienes hijos, es probable que otros miembros de tu familia estén a la espera de una llamada o mensaje de texto. Este libro no se llama Toma uno por una razón.

Para que te sientas orgulloso de todo lo que puedes lograr —en especial hoy en día, con el estilo de vida de alta presión, tecnología y mantenimiento que muchas personas de negocios deciden abrazar—, tiene que haber un poco de sacrificio. Pero esto no necesariamente implica dolor o conflicto. Elige tres te permite elegir cuándo y por qué deseas inclinarte hacia una cosa para alejarte de otra.

Éste es igualmente un buen momento para decir que tus cinco categorías podrían ser distintas a las mías. Yo elegí trabajo, sueño, familia, fitness y amigos porque veo cómo todo lo que importa en mi vida cabe fácilmente en una de esas categorías. El estilo de vida de Elige tres tiene más que ver con darte permiso para concentrarte y sesgarte —abrir espacio para que cumplas tus sueños— que con aferrarte a cinco categorías específicas. Algunos podrían adoptar los viajes como una categoría clave; otros podrían decir que el bien social es de gran importancia para ellos; otros más podrían afirmar que la salud mental es una prioridad esencial. Aun si tus cinco opciones son: Netflix. Escuela. Tacos. Noviazgo. Yoga., no puedes hacer bien todas esas cosas todos los días, sean cuales fueren tus categorías personales de Elige tres.

RETO

¿PUEDES PROBAR UNO DE ESTOS CONSEJOS CADA SEMANA?

Dado que sólo podemos elegir tres opciones cada día, es natural que todos tengamos áreas que hacemos bien en priorizar y otras que quizás —¡ejem!— debamos hacer un poco mejor. Por suerte, los expertos con los que hablé nos han dado excelentes consejos para alentar nuestros esfuerzos por seleccionar un poco más algunas de nuestras categorías "olvidadas".

¿ME ACOMPAÑAS A ENFRENTAR EL RETO DE PROBAR UNA DE ESTAS NUEVAS SUGERENCIAS CADA SEMANA?

 Prueba la recomendación de MaryJo Fitzgerald de buscar pequeños periodos de descanso en tu jornada de trabajo. De ser necesario, fija recordatorios en tu agenda para alejarte de tu escritorio diez minutos a fin de dar un rápido paseo, tomar agua o sólo cambiar de paisaje. Nuestro cerebro necesita tiempo de reposo para operar a un nivel óptimo.

Mejor todavía, prueba la recomendación de Ted Eytan de realizar reuniones caminando en lugar de sentarse en salas de juntas o cafeterías.

Así seas un apasionado del trabajo, un eliminador del trabajo o algo intermedio, sigue el consejo de Melinda Arons y Karen Zuckerberg y busca otras salidas para tu energía, como un pasatiempo, una sociedad de beneficencia, un curso, ¡o una nueva habilidad que luzca bien en tu futuro currículum!

Piensa en momentos de tu carrera que hayas experimentado como fracasos y pregúntate: "¿Qué haría Reshma Saujani?" ¡Reformula tus fracasos en tu mente como vueltas en el camino del éxito!

Si necesitas ayuda para ser constante en la persecución de tus metas profesionales o tu "actividad complementaria", sigue el consejo de Tina Yip sobre cómo responsabilizarte de algo fijando metas de treinta o cien días e informando a tantas personas como sea posible acerca de tu meta final.

 Prueba la sugerencia de Arianna Huffington de "poner a descansar tu teléfono" en otra habitación mientras duermes. (O si no soportas estar tan lejos de él, intenta conectarlo al otro lado del cuarto para que no lo consultes cada dos segundos.)

Sigue el consejo de Brian Halligan, de Hubspot, de tener pufs disponibles para reparadoras siestas de 20-30 minutos durante el día.

CONTEO DE DOS MESES

Bienvenido a tu tarjeta de resultados de productividad. Seguir tu Elige tres durante varias semanas te dará una idea muy clara de cuáles son tus prioridades, qué te gusta versus qué te sientes obligado a hacer, qué te hace sentir realizado y cuáles áreas descuidas en forma rutinaria.

	TRABAJO	SUEÑO
SEMANA 1		
SEMANA 2		
SEMANA 3		
SEMANA 4		
SEMANA 5		
SEMANA 6		
SEMANA 7		
SEMANA 8		

FAMILIA	FITNESS	AMIGOS

Planea unas vacaciones centradas en el tema del descanso y la relajación, así sea en un crucero en uno de los barcos de Lisa Lutoff-Perlo, un retiro en un spa o incluso una estancia en casa.

Sigue el ejemplo de Jenni June y cerciórate de que el ejercicio intenso o una gran comida ocurran más de tres horas antes de que te acuestes.

Fija límites claros entre el tiempo de familia y el de trabajo. A causa de la tecnología, el trabajo nos acompaña todo el tiempo. Nadie en tu empleo te pondrá límites. Ésos tienes que establecerlos tú, ¡y luego apegarte a ellos!

Si piensas trabajar con o para un miembro de tu familia, como Ruth Zive o Brigitte Daniel, piensa bien en los pros y contras antes de decidirte, porque siempre hay más en juego cuando la familia está implicada.

Si la familia en la que naciste no te brinda una relación saludable o está demasiado lejos de ti en términos geográficos, intenta buscar una "familia" mediante la espiritualidad, la comunidad o la religión.

Recuerda que las decisiones de familia son decisiones tuyas. No tienes que dar explicaciones, defender tus opciones ni sentirte culpable por nada.

Si eres un padre o madre que permanece en casa, busca alegría en las pequeñas cosas, como Ramya Kumar. Sé divertido y disfruta de la oportunidad de volver a vivir tu infancia.

Hacer del fitness un evento más social es una buena manera de empezar. Toma una clase, pasea con amigos, ejercítate con tu pareja como lo hace Jenny Jurek o emplea herramientas como inKin para ayudar a otros a motivarte.

Sigue el consejo del experto del fitness Tony Horton y establece una meta a largo plazo, con micrometas diarias que te ayuden a cumplirla. La aventura de bajar de peso, terminar un maratón o estar saludable empieza y concluye con pequeños pasos.

El *ethos* de Brian Patrick Murphy es que debes hallar una comunidad que vuelva divertido el fitness, ¡para que sea más probable que te apegues a él! Igualmente, para una salud y vitalidad óptimas, haz de tu dieta un importante foco de atención.

Recuerda que "fitness" abarca muchas cosas relacionadas con la salud: fitness mental, fitness emocional, niveles de estrés, recuperación de adicciones, atención; no se reduce a bombear hierro en el gimnasio. Asegúrate entonces de no descuidar todas las importantes áreas de la salud y el bienestar.

Tim Bauer acertó cuando dijo que todas las metas de fitness deben tener un "porqué" para mantenerte motivado. Si ese "porqué" se relaciona con la autoestima, es mucho más probable que te apegues al fitness a largo plazo.

Lleva un diario de tus actividades de fitness, o regístralas en una app, para hacerte responsable.

Susan McPherson recomienda confirmar que tengas pequeños contactos con algunos amigos todos los días, aun si es sólo un mensaje de texto para saludar.

Si estás en una ciudad, empleo o situación nuevos, la tecnología puede ser de gran ayuda para hacer amigos y mantenerte en contacto con los que ya lo son.

Ten cuidado cuando emprendas proyectos con amigos. No digo que no lo hagas; sólo cerciórate de pensar detenidamente y planear lo que podría suceder si las cosas marchan mal.

Ponte en situaciones que te permitan conocer a personas de ideas afines a las tuyas, sea inscribirte en un curso, asistir a una reunión, ofrecerte como voluntario, integrarte a una organización ¡o incluso nada más buscar con tu teléfono durante dos minutos!

Si una amistad se ha vuelto tóxica o acaba su ciclo, termínala. Apréciala por lo que fue en tu vida, concluye ese capítulo y da vuelta a la página. La vida es demasiado corta para aferrarse a personas que no te apoyan ni alientan tus metas.

Cuéntame cómo avanzas enviándome un mensaje a Instagram o Twitter @randizuckerberg #pickthree.

Bienvenido a una nueva manera de estructurar tu vida, una vida basada en tus decisiones, tus opciones, tu Elige tres. Espero que este método te sirva tanto como a mí. Y por cierto, ¡disfruta mis haikús de despedida!

¿Equilibrio? No es para mí.
Prefiero sesgarme
y perseguir mis sueños.

No puedes tenerlo todo,
al menos el mismo día.
¿Yo? Sólo Elijo tres.

Ya sea que elija el trabajo,
amigos, fitness, sueño o familia,
siempre me elijo a mí.

Agradecimientos

Sé que acabo de dedicar un libro entero a decirte que elijas tres, pero me es imposible seleccionar únicamente a tres personas para darles las gracias.

TRABAJO: Muchas gracias al equipo de Dey Street, ¡el mejor equipo editorial! Gracias, en particular, a Lisa Sharkey, mi cómplice, as de las redes sociales y musa creativa de tres libros hasta ahora, y a Alieza Schvimer, mi extraordinaria editora, por presionarme a la particular manera en que lo hacen los editores con los autores cuando deseaba que eligiera escribir este libro en mi Elige tres diario. Gracias, también, a Lynn Grady, Anna Montague, Ben Steinberg, Kendra Newton, Heidi Richter, Serena Wang, Renata De Oliveira y Mumtaz Mustafa.

SUEÑO: Gracias a Andrew Blauner, mi agente literario; duermo mejor cada noche cuando sé que tengo a mi lado al agente editorial más inteligente y atento.

FAMILIA: Un mundo de gratitud a mi esposo, Brent Tworetzky, quien ha sido ya mi eremita literario por más libros de los que supuso. A mis hijos Asher y Simi, quienes me inspiran cada día. A mis suegros, Marla y Eron Tworetzky, por haberse desvelado tantas veces para ayudarme a corregir este manuscrito. Y a mi madre, Karen Zuckerberg, por ser tan valiente y auténtica y haberme permitido entrevistarla para este libro.

FITNESS: Fue casi un carrera de velocidad entrevistar a más de cuarenta personas para este volumen en el lapso de unas semanas, pero estoy muy agradecida con todas las increíbles personas que me abrieron su corazón y su agenda y que estuvieron tan dispuestas a compartir su historia con sinceridad, autenticidad y franqueza. Reí, lloré y aprendí muchísimo. ¡Gracias!

AMIGOS: Tengo la suerte de contar con colegas a los que considero también algunos de mis más queridos amigos. Gracias más allá de las palabras a Jim Augustine, Steve Anderson, Emma Pendry-Aber, Jesus Gonzalez, Aranza Martinez y todo el equipo de JonesWorks PR por estar a mi lado a lo largo de este proceso.

NATASHA: Y porque mereces tu propia categoría, Natasha Lewin, gracias por ser la mejor colaboradora, investigadora y colega con la que una mujer podría soñar. Desde nuestra colaboración escrita en el lounge de un hotel en Corea, hasta nuestras prolongadas charlas en FaceTime para editar las entrevistas, ¡este libro no existiría sin ti! ¡Gracias!

Notas

INTRODUCCIÓN

[1] John Helliwell, Richard Layard y Jeffrey Sachs, "World Happiness Report 2017", http://worldhappiness.report/wpcontent/uploads/sites/2/2017/03/HR17-Ch7.pdf

[2] Allison Hydzik, "Using lots of social media sites raises depression risk", University of Pittsburgh Brain Institute, 1 de febrero de 2018. http://www.braininstitute.pitt.edu/using-lots-social-media-sites-raises-depression-risk

[3] "Instagram ranked worst for young people's mental health", Royal Society for Public Health, 19 de mayo de 2017. https://www.rsph.org.uk/about-us/news/instagram-ranked-worst-for-young-people-s-mental-health.html

[4] Gregory McCarriston, "26% of Americans say a negative internet comment has ruined their day", en *YouGov*, 7 de septiembre de 2017. https://today.yougov.com/news/2017/09/07/26-americans-say-negative-internet-comment-has-rui/

2. LOS CINCO GRANDES

TRABAJO

[1] "What is tall poppy syndrome?", Oxford Press. http://blog.oxforddictionaries.com/2017/06/tall-poppy-syndrome/

[2] Julie Deane OBE, "Self-Employment Review", febrero de 2016. https://www.hudsoncontract.co.uk/media/1165/selfemployment-review-jdeane.pdf

[3] "Glassdoor Survey Finds Americans Forfeit Half of Their Earned Vacation/Paid Time Off", en Glassdoor, 24 de mayo de 2017. https://www.glassdoor.com/press/glassdoor-survey-finds-americans-forfeit-earned-vacationpaid-time/

[4] Sylvia Ann Hewlett y Carolyn Buck Luce, "Off-Ramps and On-Ramps: Keeping Talented Women on the Road to Success", en Harvard Business

Review, marzo de 2005. https://hbr.org/2005/03/off-ramps-and-on-ramps-keeping-talented-women-on-the-road-to-success

5 Carol Fishman Cohen, "Honoring Return-to-Work Dads", en iRelaunch, 10. de febrero de 2018. https://www.irelaunch.com/blog-fathers-day

6 Ted Eytan, "The Art of the Walking Meeting", en TedEytan.com, 10 de enero de 2008. https://www.tedeytan.com/2008/01/10/148

SUEÑO

1 Laura Geggel, "Watch Out: Daylight Saving Time May Cause Heart Attack Spike", en LiveScience, 7 de marzo de 2015. https://www.livescience.com/50068-daylight-saving-time-heart-attacks.html

2 Lisa Marie Potter y Nicholas Weiler, "Short Sleepers Are Four Times More Likely to Catch a Cold", University of California San Francisco, 31 de agosto de 2015. https://www PickThree_9780062842824_5P_dix34609.indd 254 .ucsf.edu/news/2015/08/131411/short-sleepers-are-four-times-more-likely-catch-cold

3 Dr. Nathaniel F. Watson et al., "Recommended Amount of Sleep for a Healthy Adult: A Joint Consensus Statement of the American Academy of Sleep Medicine and Sleep Research Society", en Journal of Clinical Sleep Medicine, 6 de noviembre de 2015. https://aasm.org/resources/pdf /pressroom/adult-sleep-duration-consensus.pdf

4 Marco Hafner et al., "Why sleep matters —the economic costs of insufficient sleep", en RAND Europe, noviembre de 2016. https://thesleepschool.org/RAND%20Sleep%20report.pdf

5 "The Impact of School Start Times on Adolescent Health and Academic Performance", schoolstarttime.org, 10. de febrero de 2018. https://schoolstarttime.org/early-school-start-times/academic-performance/

6 Katherine Harmon, "Rare Genetic Mutation Lets Some People Function with Less Sleep", en Scientific American, 13 de agosto de 2009. https://www.scientificamerican.com /article/genetic-mutation-sleep-less/

7 Amy Feldman, "Dozens of Upstart Companies Are Upending the $15-Billion Mattress Market", en Forbes, 2 de mayo de 2017. https://www.forbes.com/sites/amyfeldman /2017/05/02/dozens-of-upstart-companies-are-upending-the-15-billion-mattress-market/#5f472a617da3

8 Brie Weiler Reynolds, "2017 Annual Survey Finds Workers Are More Productive at Home, and More", en FlexJobs, 21 de agosto de 2017. https://www.flexjobs.com/blog/post/productive-working-remotely-top-companies-hiring/

[9]   Jessica Howington, "Survey: Changing Workplace Priorities of Millen-
      nials", en FlexJobs, 25 de septiembre de 2015. https://www.flexjobs.com/
      blog/post/survey-changing -workplace-priorities-millennials/
[10] "1 in 3 adults don't get enough sleep," Center for Disease Control and
      Prevention, 18 de febrero de 2016. https://www .cdc.gov/media/relea-
      ses/2016/p0215-enough-sleep.html
[11] Brie Weiler Reynolds, "6 Ways Working Remotely Will Save You $4,600
      Annually, or More", en FlexJobs, 10. de febrero de 2017. https://www.flexj-
      obs.com/blog/post/6-ways-working-remotely-will-save-you-money/
[12] "Driving Tired", en Discovery: Mythbusters. http://www.discovery.
      com/tv-shows/mythbusters/about-this-show/tired-vs-drunk-driving/

FAMILIA

[1]   Rita Rubin, "U.S. Dead Last Among Developed Countries When It Co-
      mes to Paid Maternity Leave", en *Forbes*, 6 de abril de 2016. https://
      www.forbes.com/sites/ritarubin/2016/04/06/united-states-lags-be-
      hind-all-other-developed-countries-when-it-comes-to-paid-materni-
      ty-leave/#3491954a8f15
[2]   "Reclaim Your Vacation", en Alamo, 1º de febrero de 2018. https://
      www.alamo.com/en_US/car-rental/scenic-route/vacation-tales/vaca-
      tion-shaming.html
[3]   Stephanie L. Brown et al., "Providing Social Support May Be More Be-
      neficial Than Receiving It", en SAGE Journals, 10. de julio de 2003.
      http://journals.sagepub.com/doi/abs/10.1111/1467-9280.14461

ELIGE TUS TRES

[1]   Jordan Etkin y Cassie Mogilner, "When Multitasking Makes You Happy
      and When It Doesn't", en Harvard Business Review, 26 de febrero de 2015.
      https://hbr.org/2015/02/when-multitasking-makes-you-happy-and-
      when-it-doesnt
[2]   Bradley R. Staats y Francesca Gino, "Specialization and Variety in Re-
      petitive Tasks". http://public.kenan-flagler.unc.edu/Faculty/staatsb/fo
      cus.pdf

Esta obra se imprimió y encuadernó
en el mes de septiembre de 2018,
en los talleres de Impregráfica Digital, S.A. de C.V.,
Insurgentes Sur 1425-20, Col. Insurgentes Mixcoac,
C.P. 03920, Benito Juárez, Ciudad de México.